HENRI BARBUSSE



# RUSSIE

# Russie

*Il a été tiré de cet ouvrage :*
*vingt exemplaires sur papier vergé de Hollande*
*numérotés de 1 à 20,*
*soixante exemplaires sur papier vergé pur fil Lafuma*
*numérotés de 21 à 80.*

## OUVRAGES D'HENRI BARBUSSE

### POÉSIE

PLEUREUSES *.

### ROMANS

LES SUPPLIANTS, *épuisé* *.
L'ENFER.
LE FEU *.
CLARTÉ *.
LES ENCHAINEMENTS (2 volumes) *.

### NOUVELLES

NOUS AUTRES... *.
QUELQUES COINS DU CŒUR.
FORCE. L'AU-DELA. LE CRIEUR *.
FAITS DIVERS *.

### ÉTUDES SOCIALES ET HISTORIQUES

PAROLES D'UN COMBATTANT, articles et discours *.
LA LUEUR DANS L'ABIME.
LE COUTEAU ENTRE LES DENTS.
LES BOURREAUX (La Terreur Blanche dans les Balkans) *.
JÉSUS *.
LES JUDAS DE JÉSUS *.
MANIFESTE AUX INTELLECTUELS (une plaquette).
VOICI CE QU'ON A FAIT DE LA GÉORGIE *.
RUSSIE *.

**Les ouvrages dont les titres sont suivis du signe * ont été publiés par la Librairie Flammarion.**

HENRI BARBUSSE

# Russie

ERNEST FLAMMARION, ÉDITEUR

# Russie

## I

### SYNTHÈSE

En un seul bloc, le gros du corps de l'Europe et tout le haut de l'Asie. C'est aussi grand que le fut l'empire de Timour Leng en son apogée, et que l'est l'Empire britannique avant son déclin. C'est, mathématiquement, la sixième partie du monde.

A travers la grille des latitudes horizontales, dans un décor de palais d'hiver, de clochers en bulbes, tout un vieux bric-à-brac historique s'efface à jamais : couronnes, tiares, aigles noirs, ukases, icones, iconostases d'or, boyards, barines, petits pères, popes, grands-ducs, généraux à pelisse, diplomates à favoris, riches marchands buveurs de champagne, princes russes, moteurs de la mode et des comédies démodées, rastaquouères septentrionaux. Boris Goudounov, Ivan le Terrible, Michel Strogoff, grands opéras, mélodrames. Salves, bombes. Tremblement de terre. La hache des ouvriers a jeté tout en l'air. Maintenant c'est très loin, sur un autre étage de l'histoire.

Aujourd'hui, quel décor dans les campagnes, dans les villes ? Comme toujours, sur toutes les choses de Russie, une marque : l'immensité. Tout est grand dans ces étendues : les choses, les œuvres, les voies de communication, les cortèges, les rêves. Avec ces deux mots : longueur, largeur, on dépeint vaguement ce pays.

Sur l'espace blanc comme du papier, petites isbas, cubes noirs ; immenses palissades minuscules dessinées à l'encre ; innombrables arbres ténus qui portent la neige à bras tendus, routes à n'en plus finir ; troïkas (le cheval du milieu trotte, les deux autres galopent) ; au-dessus de tous les chevaux attelés, d'un bout à l'autre du territoire, hauts colliers en ogive, petits portiques ambulants. Enfants peints fraîchement par le froid, hommes avec des bottes, des bonnets et des barbes ; babas enluminées ; jeunesses aux fichus de couleurs autour de la tête et aux lourdes robes bariolées comme des tapis (du rouge, du jaune, du bleu, de la plate-bande de jardin). La foule fait, par elle-même, guirlande et image de fête. Broderies enfantines et féeriques, défilés opulents, luxe de vie. Danses aux figures graves et aux pieds multipliés des paysans et des soldats, avec l'accordéon frénétique comme moteur. Mais c'est déjà moins coloré que sur les tableaux de musées et que sur les jouets taillés au couteau et peinturlurés par les artisans, bien que les statuettes des artisans soient à vif. Gros pieds sur la neige, boules de feutre, chaussons-bottes. Les isbas ont autour des fenêtres de la broderie de bois et sont rehaussées de couleurs d'imagerie. C'est ainsi, de l'Ukraine à la Mer du Nord (le nom d'Arkhangel a forme de glaçons, celui de Mourmansk, forme de brume) et de l'autre côté de l'Oural aussi. Les maisons d'Ukraine sont revêtues de chaume argenté pareil à la fourrure du petit-gris. Ailleurs elles sont couvertes de plaques de bois, et dans les endroits cossus et les grandes villes, de plaques de tôle peintes en brun rouge.

Il faut se servir du décor tournant pour montrer vite les changements qui se font selon la saison et la région. Car il y a la Russie d'été et la Russie d'hiver, et il y a aussi la septentrionale et la méridionale. Nord-sud, novembre-avril, blanc-vert : la Sibérie du sud, et une grande partie de la Sibérie, pendant les mois de soleil, est un paradis terrestre de fleurs et de fruits, Californie asiatique. Le sol de l'Ukraine et de tout le centre russe, est une seule pièce d'étoffe faite de carrés, de rectangles et de bandes de cultures cousues ensemble, et l'étoffe est épaisse : il y a là un stock continental de terrain noir que l'hiver blanchit comme de la toile. A travers Nijni-Novgorod et pendant deux mille cinq cents kilomètres après, la plaine est liquéfiée en Volga. La steppe des Bachkirs est en argent à cause des herbes au vent ; c'est l'énorme pays de l'air pur, où l'homme transplanté des villes augmente d'un poud en trente jours. La Crimée pierreuse aux vallées fertiles a de magistrales palissades de cyprès dessinant des parcs qui, ainsi, ressemblent à des cimetières en fête. (Le cyprès est un étranger, mais il a pris solidement possession du sol et ce rivage est plus sicilien que la Sicile). Au bord de la Mer Noire, des jardins exotiques, des palmiers velus comme des ours. Quelque part, à Soukhoum, on entre sous la pénombre d'une forêt de palmiers. Des Caucasiens avec des turbans gris et de grands manteaux noirs durs comme de la pierre. Des Géorgiens à la tête fine surmontée du large bonnet d'astrakan, la taille fine, les jambes fines dans des bottes qui sont des bas en cuir souple ayant une mince semelle dessous. On voit ces délicates silhouettes qui se dessinent, qui passent et repassent, dans les régions que le vénérable Caucase domine de ses cheveux blancs. Ailleurs, de hauts bonnets à poil, énormes nids, blancs ou noirs, des têtes. Au Turkménistan, des chameaux, des puits, des sables, des toits ronds d'une blancheur éclatante, de l'Orient à haute dose, où figurent des personnages à petites calottes multicolores et à longues lévites.

C'est une grande cohue de nationalités dont les remous se mélangent et dont les parties rentrent les unes dans les autres ; Ousbeks, Mogols, Kalmouks, Kirghiz, Samoyèdes, Turcs, et toutes les autres races qui sont dans les frontières soviétiques (il y en a soixante principales). Harmonie kaléidoscopique des populations, harmonie sur deux milliards d'hectares. Le nationalisme s'est effacé au frottement du travail. A tous les bouts du continent, enseignes en plusieurs langues. Le gouvernement de Moscou cultive les langues nationales. A l'est et à l'ouest, les vieilles traditions sonores et pittoresques renaissent de leurs cendres, et même, des commissions de savants ont inventé des alphabets pour les parlers qui n'en avaient pas ou qui en avaient de trop encombrants. Ces alphabets neufs sont en lettres latines : *Atélégraf*, ou bien : *Aposta* (écrits ainsi), c'est de l'abkhasien, et sur cette devanture d'épicerie d'Azerbaidjan, *maqaroni*, c'est du turc. Toute la douce et ingénieuse politique des nationalités et des autonomies est affichée là. Quelque jour, par bonne volonté internationale, on mettra la langue russe dans l'alphabet latin.

Tous les paysans du globe se ressemblent. Il y en a pas mal, dans le monde russe comme dans le reste du monde, qui sont « les plus arriérés du monde ». Ils ont peur de l'incendie, mais ils ont, aussi, peur des assurances. Quand l'isba a flambé, on la reconstruit tout contre les autres. — « Mais vous augmentez ainsi les risques d'incendie ? — Ça empêche surtout le voisin d'y ficher le feu, parce que s'il me faisait flamber, il flamberait. » Pourtant, les serfs définitivement libérés suivent d'un œil de plus en plus intéressé les résultats positifs de l'agriculture collective et de l'agriculture d'État et les avantages que ces modes rationnels de culture présentent pour chacun sur la pauvre petite exploitation privée : les chiffres sont là ; les paysans russes ne sont pas mystiques à vide, mais mystiques du solide ; ils vont à la pêche du réel, et les chiffres ont une diablesse d'éloquence.

Partout, abords grandioses des villes : grandeur aussi dans la campagne. Tous les carrefours de la Russie sentent l'infini. Vastes faubourgs verdoyants avec, au milieu de leurs larges berges, des chaussées de pierres ou d'énormes pistes boueuses. De chaque côté de la voie, au loin, en face l'une de l'autre, des maisons de bois. Grandes places qui ressemblent à des plaines ; autour, quelque palais, quelque bâtiment bas, des murs, une église dont les dômes ventrus sont vert vif ou bleu vif avec des points d'or scintillants et dont les croix ont, tout autour des épaules, des pendeloques dorées.

Moscou. Kremlin barbare et magnifique, tours aux carapaces vertes et rouges, forteresse pleine de monuments au milieu de la ville. Saint-Basile, trapu et mamelonné, aux puissantes tranches de couleur. Tverskaia, Pétrovskaia, noires de monde.

Anciens monuments opulents et célèbres utilisés à de nouvelles fins et où, les vieux barrages étant rompus, pénètre la mer humaine. A côté, bâtiments neufs : depuis les fondations jusqu'au faîte, de la verrière et du ciment armé ; larges géométries volumineuses, gris foncé ou gris clair. Sur les façades, ou en travers des rues, la révolution d'octobre déteint aux yeux de tous : drapeau rouge, banderoles rouges qui crient des mots d'ordre écrits, faucille et marteau, étoile soviétique.

Pas beaucoup d'automobiles (en U. R. S. S. cinquante fois moins d'autos qu'en France et mille fois moins qu'aux États-Unis). Des tramways ; un métro en préparation. De vieux fiacres ratatinés : ils offrent une place et demie ; antiques joujoux surmontés de cochers paradoxaux dans leur mise et leurs prétentions. Semés dans les places ou aux croisements, des marchands ambulants fourmillent avec leurs petits étalages portatifs, mosaïques multicolores de boîtes de cigarettes, de fruits, de fleurs, de bonbons ou de lacets de souliers. De petits cireurs de bottes postés en sentinelle sur le pavé aux endroits les plus passants : on doit les mentionner dans une table des matières de la Russie d'hier et d'aujourd'hui, ainsi que les gens qui décortiquent les graines de tournesol avec leurs dents, mâchent l'amande menue et crachent l'enveloppe — tout en travaillant ou même tout en parlant. C'est le tic du campagnard russe. Que de fois ne le surprend-on pas, dans les villages ou sur la scène des théâtres !

Partout, de hautes et minces urnes de tôle cylindriques à col étranglé et à ouverture évasée — partout, pour recevoir les papiers et les débris : c'est la ponctuation de toutes les rues soviétiques, de tous les squares et lieux publics.

Pas de cafés, et peu de restaurants. Pourtant : borch carminé, caviar noir ou orangé, crème, saumon fumé, esturgeon, poulet, poulet, poulet, kacha et gros cornichons qui trempent dans l'eau. Thé dans des verres ; on le préfère ainsi quoique ce soit incommode — petit empiètement de la tradition sur la logique.

Les têtes des passants ? En dehors de ceux qui viennent d'une autre partie de l'Europe ou d'une autre partie du monde, il y a par-ci par-là quelques types marqués du continent soviétique (on les a entrevus, quelques lignes plus haut). Par exemple, la figure ovale du Géorgien, jolie comme sur les miniatures persanes, grand œil noir et nez aquilin ; le profil levantin et maigre de l'Arménien, la face réduite ou bouffie du Juif, ou celle, carrée, bridée aux yeux et bossuée aux pommettes, du Touranien. Si en dehors de ces types spécialisés, qui du reste se raréfient, on cherche un « type russe », on ne le trouve pas. Il y avait peut-être jadis un certain type aristocratique original dont on retrouve des spécimens, séduisants et dégénérés, à l'étranger, où ils attendent sans attendre. Il y a aussi les vieux débris vénérables restés sur place : quelque antique bourgeoise pompeusement démodée, couverte de panaches poussiéreux et de velours râpés, ou quelque potentat d'autrefois, comme celui qui, dans la ville de Léninakan, promène en ce moment sur son dos son uniforme antédiluvien de général tsariste. Tout le reste, c'est, comme les Américains, une race nouvelle faite d'un grand mélange. Il n'y a, de russe, dans la foule soviétique d'aujourd'hui, que ce qu'il y a d'anglais dans le peuple américain. On voit des brunes absolues et des blondes intégrales, on voit la grosse tête tondue de l'Allemand, volontiers à lunettes, la face anguleuse de l'anglo-saxon, et aussi toute la série des intellectuels genre français, à barbiche, et des types romantiques à longues barbes fumeuses. Qu'on ne parle plus désormais qu'avec circonspection du type russe et de la race russe, puisqu'il n'y en a probablement plus. Ou mieux, il y a une nouvelle race. Elle a plutôt des caractères sociaux que des particularités ethniques. C'est une race prolétarienne et prolétarisée, pas mal paysanne (tous ces jeunes gens et jeunes filles, solides et drus, qui défilent) populaire, saine, fraîche. Qu'elle ne porte plus de nom historique ou géographique ; c'est la race soviétique.

Les têtes d'hommes sont déshabituées des chapeaux, même dans les villes. On voit surtout la casquette plate, ou parfois la petite calotte orientale, ronde, étroite et multicolore, épousant le sommet du crâne (ce sont les deux coiffures les plus généralement adoptées dans n'importe quel coin du continent soviétique). En plein hiver, toute la collection des bonnets de fourrure ; en été, très souvent, pas de coiffure du tout.

Sur les corps ? La veste de drap. Plutôt, la vareuse militaire, ou plutôt encore, la tunique-chemise de toile noire ou de toile blanche (brodée ou non) ou de couleur, avec la ceinture de cuir. Et pour compléter la mise, il y a, neuf fois sur dix, dans les villes, un cartable sous un bras ou à une main. Mi-partie des paires de jambes avec pantalons et souliers, mi-partie avec culotte et bottes.

Toutes ces têtes, tous ces torses, toutes ces jambes, semblent interchangeables. Qu'on imagine toutes les combinaisons possibles entre les parties supérieures et inférieures d'hommes, que j'indique, et on aura à peu près l'aspect d'une moitié — la moitié mâle — de la foule moscovite. L'autre moitié va nu-tête, ou la tête entourée d'un foulard blanc ou de couleur, ou coiffée du petit casque de feutre que la mode rend universel au moment du temps où nous sommes, vêtue de robes aux jupes très courtes, et avec un assez notable pourcentage de chevelures courtes.

Quand il neige et qu'il pleut, on voit de courtes bottes de feutre grossir cylindriquement les jambes féminines, mais l'on voit surtout, à presque tous les pieds, des caoutchoucs, dénommés galoches. Ce sont les petites barques doubles inséparables des piétons pendant toute la mauvaise saison. On les laisse à la porte quand on entre dans la maison des autres. Dans les vestibules des administrations ou des hôtels, on rencontre des régiments de galoches vides qui attendent deux par deux.

C'est à peu de chose près la même foule qui se presse dans toutes les larges voies centrales des cités de l'U. R. S. S. : Nijni-Novgorod, qui est coupée par les énormes gouffres en long de deux fleuves. Léningrad qui apparaît à travers une autre ville pleine de brume et d'éloignement : Saint-Pétersbourg, — Léningrad, majestueuse enfilade de monuments peints en couleurs, colonnades blanches sur fond vert, ocre ou orangé, et la forteresse Pierre et Paul dont le clocher sort de terre, mince et aigu comme une arme ; Kharkov où la colossale maison des trusts est à elle seule une cité en largeur, en hauteur et en profondeur, et Kiev, et Odessa, et Tiflis, et Bakou, et Tachkent.

Dans les villes et même dans les campagnes, beaucoup d'ex-demeures de riches sont d'un mauvais goût très remarquable. Ces bâtisses sont fabriquées selon le « modern style » du commencement du XXe siècle. Elles indiquent péremptoirement, qu'à cette époque, il y a eu dans l'Empire des tsars, une fâcheuse vague d'enrichissement : on voit des rampes, des grilles et des embrasures dont les silhouettes contournées font une danse baroque du fer et de la pierre, et rappellent aux Parisiens l'architecture, humiliante pour la gloire nationale, des stations de métro. Ces façades de camelote qui s'écaillent mettent leur note gênante dans toute évocation de la Russie actuelle.

A la ville et au village, dans chaque église ouverte, une fois par semaine, cinq ou six personnes qui, extasiées et les yeux fermés, peuvent s'imaginer qu'elles sont innombrables. Les églises ouvertes font, plus que les églises fermées, penser à la mort d'un culte. Le dimanche, on y entrevoit une messe peu éclairée, discrète et confidentielle. Les popes pouilleux, avec leurs longs cheveux qui traînent sur leur soutane, avec leur longue barbe qui traîne sur leur grand collier, avec leur chapeau melon, commencent à n'être plus que des ombres dans les villes et à se trouver de plus en plus dépaysés parmi les paysans qui maintenant, les connaissent trop.

On voit quelques ex-moines qui rôdent dans les régions où il y avait jadis des monastères (transformés en sanatoriums). On les reconnaît à leur physionomie fuyante, à leur longue barbe, végétation vaguement spirituelle, à leurs longs cheveux dont la plus longue mèche est nouée par une ficelle, et aux loques qui les recouvrent sur les routes, quand ils n'aiment pas le travail.

En marge des prêtres et des moines, des sectes évangéliques ou tolstoïennes font absorber à la jeunesse une religion dont on a retiré toutes les absurdités qu'il était possible d'éliminer de la religion sans l'éliminer elle-même. Il en reste encore suffisamment pour que cette religion partiellement déridiculisée tombe d'elle-même quelque jour par la force des choses, devant le peuple qui a ouvert les yeux.

Bien des choses sont restées les mêmes qu'autrefois entre les actuelles frontières de l'Union Soviétique. Après tout, les usines sont toujours des usines, les champs, des champs ; et la langue russe est toujours la même à très peu de chose près (quelques traits de son aspect graphique), et l'on peut dire, quand on a regardé hier et aujourd'hui : qu'est-ce qu'il y a de changé ?

Le changement est si grand, qu'on ne peut pas le voir avec les yeux. Entre hier et aujourd'hui, sur les terres russes, est le plus grand changement qui fut jamais nulle part. Tout est changé par la base. De l'Océan Glacial à la Caspienne et à la Mer du Japon, l'ancien ordre de choses est retourné. C'est l'immense masse laborieuse écrasée à toutes les autres époques et dans tous les autres pays, qui est montée à la surface et qui règle la vie. Elle bouleverse et vivifie les divisions qu'il y a entre les hommes, et fait en grand, les dessins logiques et humains.

Toutes les entreprises, tous les services, toutes les organisations, ont leur noyau communiste — moteur et régulateur. Un innombrable réseau de rouages collectifs engrenés les uns dans les autres, conduit la vie collective.

Dans chaque école, dans chaque établissement ou institution, dans chaque club d'hommes, de femmes, de jeunes gens ou d'enfants, dans chaque administration, dans chaque village, il y a des coins rouges. On y voit le portrait de Lénine sur fond rouge ; la faucille et le marteau, et quelques-unes des formules qui ont mené à la victoire il y a douze ans la grande marée prolétarienne. Les bâtiments publics — usines, écoles, administrations — ont l'intérieur de leurs murs tapissé d'illustrations fourmillantes : Journal mural, cours économique ou politique en style télégraphique, conseils médicaux, caricatures se rapportant aux grandes questions vivantes. Il y a aussi affichées partout : au coin des rues, dans les escaliers, dans les étalages des boutiques, des statistiques qui aident le peuple à se rendre compte de la réalité ambiante.

Les statistiques, qui sont les morceaux choisis de l'éloquence des choses, disent l'effort énorme accompli, l'économie remise sur pied par-dessus des ruines et au milieu de la haine universelle et de l'épouvantable calomnie, les sacrifices et les réalisations dans l'industrie, l'agriculture, l'instruction, et la santé publiques, l'immense budget de cent milliards équilibré. Le prolétariat, maître de toutes les commandes, accomplit plus intégralement qu'ailleurs la synthèse du travail national et il le fait sous le signe de la coopération, du collectivisme, et même, déjà, du communisme.

Le caractère russe est resté le caractère russe malgré les écroulements de l'histoire. Et même une partie des habitudes et des mœurs n'a pas changé. Les soviétiques ne peuvent pas se passer du jeu d'échecs, des châssis à calculer, ils aiment autant que jadis la balalaïka, l'accordéon, et les trop longues conversations où l'on se gaspille, et ils n'aiment pas plus que par le passé la ponctualité (les qualités exceptionnelles de quelques chefs confirment la règle).

Mais de plus en plus se répand chez tous le sens et le goût de la donnée scientifique, la passion de la reconstruction nationale contre vents et marées, et de la défense militaire de la Révolution. Le jeune étudiant et la jeune étudiante, lorsqu'ils vagabondent ensemble, discutent sur les chiffres de contrôle établis par le quasi infaillible Plan officiel de Cinq Ans... Et l'Électrification est en U. R. S. S. une manière de sainte publique. Et on aime l'Armée Rouge et la Guépéou qui défendent l'intérêt général des hommes.

Tout ce que fait ce peuple est vivant et

viable. Il dessine d'avance toute sa vie économique pour plusieurs années. Partout il tâtonne vers le réel et le touche. Sa peinture cherche le vrai entre la formule de l'exactitude du détail et les formules schématiques qui s'appuient sur l'essentiel. Son cinéma fournit de la vie à profusion, sa nouvelle littérature sort de terre comme la moisson. Il est le réalisme en action. Il fait des fêtes démesurées avec son corps collectif, et les innombrables chantiers d'usine ou de travaux publics sont en fête, qui couvrent son territoire de pierres neuves (Éclosion comparable à celle des églises au Moyen-Age — et cela montre la différence définitive qu'il y a entre ces gens-ci et les mystiques de naguère).

Poussée par la vague des Jeunesses et les armées fraîches des petits pionniers au foulard rouge, cette foule qui devient la nouvelle race unifiée du travail, n'est pas seulement la plus pure et la plus propre qu'il soit, c'est la plus heureuse. Chacun commence à avoir conscience de sa part de réalisation et de la dignité totale qui incombe à chacun.

Égalité dans le travail. Au premier abord, rien ne distingue la maîtresse de maison de sa servante, le ministre de son secrétaire, le général, du soldat : ni dans leur mise, ni dans la façon dont ils se parlent. On n'a jamais vu cela. Cette règle excitante de l'égalité élève la compréhension de tous au point que c'est un renforcement de la discipline. Le travail, lorsqu'il comprend sa mission, devient plus effectif.

Il y a — parbleu — des fautes, et des défaillances, et encore pas mal de points faibles.

Il y aura des luttes, des batailles, des souffrances — mais la patrie rationnelle du travail ne peut pas ne pas continuer d'être, maintenant qu'elle a commencé. Elle ne peut pas ne pas continuer de briller et d'appeler les hommes.

## II

### IMPRESSIONS DE CONGRÈS

Parmi mes impressions sur ce VI$^e$ Congrès International qui a tant fait parler de lui, la plus forte a été celle que j'ai éprouvée à la séance d'ouverture. Cela m'a paru beau dans le plus vaste sens créateur de ce mot. Il m'a été rarement donné d'assister à un commencement aussi saisissant et aussi grandiose.

C'était, comme vous le savez, dans la grande salle de la Maison des Syndicats de Moscou, ex-salle de spectacle d'un ex-club aristocratique. La salle de spectacle sert maintenant aux réunions solennelles de la Révolution, et le théâtre est devenu temple. Dans le décor de ce soir-là, régnait une ornementation d'une simplicité éclatante. Tout autour de la salle, des colonnes blanches, nettes, lisses, brillantes. Entre les colonnes palpitaient des tentures rouges, du haut en bas. Donc, de grandes lignes massives, rouges et blanches, verticales. Au-dessus des colonnes, le plafond blanc, orné, mais non surchargé, de reliefs. Entre les chapiteaux des colonnes, le long des quatre côtés de la salle, une série de lustres éblouissants, constellations organisées. Au-dessus, en grosses lignes horizontales, blanc sur rouge, les mots d'ordre, les cris de ralliement, les appels universels, de la Révolution aux masses — et cela ressemblait matériellement aux inscriptions gigantesques, sur fond de couleur, qui dominent la foule infinitésimale, sous l'immense coupole de Sainte-Sophie de Constantinople, cette montagne creuse.

Ce n'est pas tout. Il y a, dans cette enceinte, de la machinerie. On discerne les projecteurs avec leur gros crâne métallique et leur énorme masque qui n'est qu'une rétine striée, tantôt obscure, tantôt flamboyante, et avec leurs jambes squelettiques. Ils sont plusieurs, installés sur le plancher de la scène, qui est l'étage du presidium et des orateurs, ou devant cette scène. Les petites boîtes noires des microphones sont posées devant les places des orateurs. Tous ces appareils sont reliés à des sources par des fils et des câbles, dont quelques-uns traversent l'espace et dont les autres serpentent par terre comme les cordages sur les ponts des navires. On voit aussi tout le mécanisme des récepteurs doubles que les assistants rangés sur les fauteuils d'orchestre assujettissent autour de leur tête. Il se dessine de la sorte une silhouette d'usine dans le ci-devant théâtre, ou bien il semble qu'on va jouer un drame scientifique dans ce temple, avec l'enseigne du marteau et de la faucille sur la peau du drapeau rouge.

La séance s'ouvre. Dans les stalles de la salle sont rangés, en files symétriques et silencieuses, ordonnés comme dans une boîte, ceux qui vont écouter et discuter pendant un mois. Devant eux s'élève la scène et au milieu de cette grande estrade est la tribune. De chaque côté de la tribune, des tables. Au-dessus, deux autres assises superposées : Un buisson compact et géométrique d'hortensias, sur toute la largeur, puis une table avec un tapis rouge qui occupe également tout le diamètre de la scène. Derrière cette longue table dominante est une rangée de fauteuils vides, sauf celui du milieu où se détache un homme qui est debout et qui, dans le spacieux silence qui s'est fait, se met à parler.

Il n'y a pas beaucoup d'éclairement : les

grands lustres multipliés qui pendent tout autour du décor carré de la salle, n'éclairent qu'eux-mêmes. Cet homme qui s'ébauche et dont on entend la voix, et qui semble tout petit dans l'ampleur décorative de cette enceinte, apparaît au sommet de l'assemblée comme s'il en était la tête et la figure. C'est Boukharine, président de l'Internationale Communiste.

On évoque, à partir de lui, une hiérarchie organisée aux innombrables prolongements internationaux : les sections principales dont chaque groupe d'assistants représente à son tour les têtes, et tout un système de rouages et d'hommes qui plonge dans les masses profondes de la mappemonde. Ce n'est pas du symbolisme littéraire, c'est un aperçu vivant, direct, dans ce décor blanc et rouge, des lignes logiques de l'architecture sociale et du cœur rouge de la terre.

A un moment, l'orateur rend hommage aux morts : aux victimes de la révolution mondiale en marche, et toute l'assemblée se lève. Il s'arrête de parler. On entend de la musique, un hymne magnifique, calme, sacré. Puis la musique s'interrompt et Boukharine reprend son discours.

Tout cela est d'une simplicité immense, et, si je puis dire, redoutable. On sent que toute cette solennité dans laquelle on est pris, repose sur une force de la nature : celle qui frémit en chair et en os, et on discerne toutes les racines qu'elle a en dehors de cette salle. J'ai bien compris à ce moment le sens de cette phrase de Lounatcharsky : les fêtes soviétiques s'efforcent d'être des images idéales de la société.

Les délégués écoutent le discours de Boukharine, et chacun l'entend dans sa propre langue à mesure qu'il est prononcé, les uns, directement en russe, les autres, qui ont un double récepteur assujetti autour de la tête, dans leur langue : anglais, français ou allemand. Chacun a, en effet, mis à la place qu'il fallait la fiche qui, devant lui, commande son récepteur et recueille la voix d'un des traducteurs dissimulés autour de la tribune, et qui traduisent à mesure devant des microphones. (C'est la première fois que ce procédé est employé avec succès dans un congrès international.)

Après le tohu-bohu de l'élection du presidium — une trentaine de personnes qui montent sur la large estrade et dont les têtes peuplent l'assise supérieure (on les voit mal car il n'y a pas, comme je l'ai dit, de pleine lumière). Quelques délégués se succèdent à la tribune. Ce sont les plus tragiques : ceux qui représentent les prolétariats les plus ensanglantés par la lutte révolutionnaire et par la persécution : l'italien, le balkanique, et enfin le chinois. Le délégué chinois se débat à la tribune. Son discours ne semble être qu'une ponctuation de cris. Et vers la fin de sa harangue, alors qu'il jette des appels, des anathèmes, et des serments révolutionnaires, les autres délégués chinois qui sont dans la salle (une dizaine : ouvriers, étudiants, jeunes femmes), se mettent debout, lèvent leur main droite, et ces fines silhouettes forcenées crient à l'unisson de leur porte-parole. C'est un spectacle poignant et bouleversant, car il nous fait entendre dans ce groupement de cris, la plainte et la colère de l'innombrable prolétariat qu'on décime en ce moment au bout de l'Asie.

La grande cérémonie vraie — vraie jusqu'aux entrailles — reprend son déroulement par le discours d'un soldat. Un simple petit soldat posé sur cette tribune, juste au milieu. De chaque côté de lui, en guise d'État-Major, deux petits soldats pareils. Il dit qu'il n'est pas soldat russe, mais soldat du prolétariat universel.

Puis des ouvriers soviétiques, (quelques

corps de métiers et régions diverses), se succèdent par ensembles de trois ou quatre : celui du milieu qui parle, les autres, autour, qui pensent ce que dit le camarade. Parfois, ils présentent dans un tableau, des pièces de machines, des produits de leur travail. Ils expliquent ce qu'ils font. Ils disent l'esprit et la joie de leur tâche, qui au lieu d'être arrachée de force au travailleur et de retomber sur lui, est faite, ici, aussi bien pour lui que par lui.

Puis, vient un type des populations non russes de l'Union, un Ousbeck, maigre et fauve, avec son petit bonnet plat et sa longue lévite bleue : sa république est dans l'Orient asiatique, sous la Sibérie, aux confins de la Chine et de l'Inde. Il crie éperdûment dans sa langue gutturale sa fidélité et son amour pour les Soviets, qui ont fait grandir cette population, l'ont renforcée, l'ont noblement fait entrer dans la civilisation socialiste.

Dans la salle du Congrès où règne un demi-jour, des illuminations explosent, des coups de clarté semblables à des coups de hache éblouissants, sortent des projecteurs : Cela découpe tout l'ensemble en zones, en secteurs clairs et sombres. Brusquement, on ne voit plus que la grande table rouge au-dessus des hortensias, ou qu'une rangée de têtes, ou qu'un pan de décor, ou qu'un morceau du fourmillement. Ou bien, l'obus de lumière bombarde un orateur, ensoleille soudain quelqu'un, qui scintille comme un astre dans la salle populeuse : la blouse russe et la tête blonde et juvénile de Boukharine, ou Clara Zetkin auréolée de cheveux blancs, ou le masque barré de rides de Katayama, ou quelque profil fluet d'Indien, ou la face si solidement équarrie de Thallemann. Les lustres et les ampoules électriques jaunissent au contact des clairs de lune intensifs des projecteurs.

Dans le déploiement de ce premier acte du congrès, qui est un acte d'exposition, et qui traduit avec tant de force les dimensions et la multiplicité du mouvement grondant qui ébranle le monde, après ce défilé d'hommes qui viennent montrer le présent et l'avenir, Marcel Cachin, au nom du Presidium, salue et résume cette action liminaire en quelques phrases pleines qu'il martèle à la tribune comme un forgeron.

Et c'est une exaltation juste et précise qui nous prend au cœur, nous autres, les voués à la cause.

Il y a même, çà et là, dans ce large spectacle, comme dans les vastes œuvres et comme dans la vie, la note comique. Elle est donnée par la gesticulation émérite des photographes au milieu du congrès. Faire des clichés au congrès, c'est un sport. Les photographes évoluent autour de la tribune, sur le bord de l'estrade. Ils serpentent, font des mouvements tournants, brandissent leur appareil avec véhémence et exactitude, pour profiter des placages lumineux que jettent les projecteurs en promenade continuelle, ou bien, ayant suspendu leurs boîtes magiques à leur cou par une courroie, la portent sur leur estomac ou sur leur ventre, et se courbent en avant et en arrière, attentifs à se jeter sur la seconde propice. « Ils sont rigolos, on ne peut pas employer un autre mot », me dit le jeune Liebknecht, qui est à ce moment à côté de moi.

En marge du Congrès, ils peuplent sa grande vie, comme d'honnêtes et utiles comparses, et agrémentent pratiquement cette assemblée plus solennelle que les autres, parce qu'elle vient après les autres, par-dessus les autres, pour faire avancer d'un pas l'organisation de l'ordre révolutionnaire contre le désordre bourgeois, face à la guerre impérialiste.

## III

### LE DRAME DE LA TERRE ET DU BLÉ DANS L'UNION SOVIÉTIQUE

Si la question agraire se pose aujourd'hui presque partout avec ses terribles exigences, et devient un des problèmes les plus grandioses du temps présent, c'est-à-dire de l'avenir (l'avenir n'étant que le présent en action) — elle prend dans l'Union Soviétique, dans l'État Ouvrier et Paysan, une importance exceptionnelle et on peut la qualifier de vitale.

Le principe fondamental de la révolution russe est le bouleversement méthodique des vieux rapports sociaux et le remaniement des assises de la société, au seul profit des masses laborieuses. La révolution d'Octobre 1917 a institué, sur un territoire de deux milliards d'hectares, peuplé de 149 millions d'habitants — le dixième de l'humanité — une république prolétarienne qui doit intégralement aboutir à une communauté organisée des travailleurs des villes et des campagnes. La participation des masses au pouvoir, par une gestion aussi directe qu'il est mathématiquement possible de la réaliser, et la fusion de la souveraineté politique avec la direction économique, exigent comme conditions : l'accaparement des matières premières et des moyens de production, la centralisation de la production et de tous les rouages économiques. Ce mécanisme suppose donc, à sa base, la suppression de la propriété privée.

Un tel programme n'a été jusqu'ici que partiellement réalisé. Une certaine marge a dû être laissée provisoirement à l'initiative et à la propriété individuelles, lorsque après la guerre de 1914, et la guerre civile, la révolution a définitivement assis son autorité sur les ruines de l'ex-empire des tsars, et entrepris son œuvre positive : la reconstruction économique. A cette époque — en 1921 — la situation était « catastrophique » : l'appareil économique détruit ou disloqué, les transports presque arrêtés, l'industrie réduite péniblement au cinquième de son rendement d'avant-guerre, etc...

L'œuvre de reconstruction, entreprise de la

sorte parmi des décombres, des déserts et des champs de bataille, s'est développée au point d'atteindre, et, en l'année 1927, de dépasser, le niveau des chiffres d'avant-guerre, pour l'industrie, de 12 %, et pour l'agriculture, de 8 %.

Cette édification économique s'est accomplie en grande partie selon les principes socialistes de la révolution d'Octobre. L'industrie socialiste entre dans le chiffre de la production industrielle soviétique pour 77,1 % (industrie d'État), et 8,8 % (coopératives). Le secteur industriel privé représente donc 14,1 %. Pour le commerce : secteur socialiste, 81, 9 %, secteur capitaliste, 18,1 %. Pour l'agriculture, secteur socialiste 2,7 %, secteur privé 97,3 %.

On le voit, la nationalisation socialiste ne s'effectue pas dans les mêmes proportions sur les trois grandes voies économiques parallèles : industrie, commerce et agriculture, et en ce qui concerne l'économie agricole, la participation du mécanisme collectiviste est extrêmement restreinte par rapport à l'ensemble. La terre a été distribuée aux paysans par menues parcelles individuelles. Les petites exploitations privées se sont considérablement multipliées (16 millions avant la guerre, 25 millions aujourd'hui).

Le pouvoir des Soviets s'est efforcé de pousser la paysannerie dans l'économie socialiste, et cela, par deux voies distinctes : l'exploitation collective, confiée aux mains de ce qu'on appelle les collectivités rurales ou les « collectifs ruraux ». Ce système est comme un moyen terme entre l'exploitation individuelle et l'exploitation d'État. Les « collectifs » gèrent la propriété privée, mais le font par l'effort coordonné d'un grand ensemble de propriétaires. Ce sont des coopératives de production, et, selon l'expression de Staline, des « coopératives de production extrêmement accentuée », qui se greffent sur les coopératives de vente et de consommation et ont des liens avec les institutions d'État. Côte à côte avec cette exploitation collective, s'est implantée dans une assez petite mesure, l'exploitation agricole d'État.

En 1913, il y avait dans l'Empire russe trois catégories de détenteurs de la terre : 1° les grands propriétaires fonciers ; 2° les koulaks ou paysans riches ; 3° les biednaks et seredniaks ou paysans pauvres et moyens.

Pour ne prendre qu'une culture d'ordre majeur, celle du blé : sur les cinq milliards de pouds (1) que représentait la récolte de blé russe, la première catégorie fournissait 600 mil-

(1) Le poud vaut 16 à 17 kilogrammes.

lions de pouds, la deuxième 1 milliard 900 millions, la troisième 2 milliards 500 millions. Aujourd'hui, les agrariens, c'est-à-dire les grands propriétaires, ont disparu, et nous trouvons les trois catégories suivantes : 1° économies collectives et d'État (80 millions de pouds de blé) ; 2° les koulaks (617 millions de pouds) ; 3° les paysans pauvres et moyens (4 milliards 52 millions). L'ensemble de la production actuelle du blé donne 4 milliards 749 millions, soit sensiblement le même chiffre qu'avant guerre).

Cette répartition des différentes formules de travail agricole préoccupe vivement le gouvernement. Elle constitue une anomalie de forte dimension dans l'ensemble de l'économie, presque totalement socialisée d'autre part, et présente de multiples inconvénients au point de vue du rendement actuel et du développement futur de l'agriculture de l'U. R. S. S. L'exploitation privée, divisée par minimes parcelles, ne donne qu'un résultat atrophié, par suite de l'impossibilité où se trouvent les petits exploitants d'employer des moyens de culture perfectionnés, et de mécaniser leur travail. Il en résulte que chaque exploitation ainsi rognée se cantonne à peu près dans une productivité qui suffit juste à ses besoins. Le rythme d'accroissement de la production, si sensible dans les autres branches de l'économie soviétique, se trouve de ce fait, en état de stagnation relative dans le domaine agricole.

En 1928, l'U. R. S. S. a subi une crise assez grave du blé. Le stock destiné au ravitaillement national s'est trouvé insuffisant. Le prix et la qualité du pain ont été fort influencés. Il faut attribuer cette pénurie à l'accroissement très rapide de l'activité industrielle et urbaine dont les besoins et les demandes ont augmenté ces dernières années beaucoup plus rapidement que n'a augmenté la production agricole. Il faut aussi faire entrer en ligne de compte ce fait que d'autres cultures ont été intensifiées au détriment de celle du blé. On doit enfin noter que la consommation rurale est beaucoup plus abondante qu'autrefois ; le paysan mange plus et mieux qu'à l'époque impériale. Au reste, la preuve que la crise ne provient pas d'une diminution de production éclate dans ce fait qu'au 1er avril de cette année 1928, le blé stocké dans l'U. R. S. S. pour la consommation nationale atteignait 549 millions de pouds, soit 100 millions de plus que l'année 1927, et 200 millions de plus qu'en 1926, où il n'y avait pas eu de crise.

Un autre aspect très grave de la situation,

est l'insuffisance du blé destiné au commerce extérieur. Il est de toute importance pour l'U. R. S. S., de figurer sur le marché étranger des céréales. De grandes difficultés se sont présentées au cours de l'édification économique de l'État Ouvrier par suite du manque de céréales. Il en est résulté des désaccords entre la classe ouvrière et la classe paysanne, désaccords qui n'ont pas complètement cessé lorsqu'au régime des réquisitions a succédé, en 1921, l'impôt en nature. De plus, cet état de choses interdisait à l'U. R. S. S. de participer comme il convenait à des transactions avec l'étranger. Autrefois, la grande propriété foncière fournissait 281.600.000 pouds de blé pour la vente à l'étranger. Les koulaks alimentaient le marché extérieur, de 650.600.000 pouds, et les paysans pauvres, de 369 millions. Cela faisait en tout 1 milliard 300 millions de pouds. Aujourd'hui, la masse énorme des paysans pauvres et moyens ne verse sur le marché que 466 millions de pouds. Les koulaks, dont la production a été réduite au tiers, n'y participent que pour 126 millions de pouds, et les économies soviétiques et collectives pour 38 millions. Le chiffre total de l'exportation est donc deux fois moindre que celui d'avant-guerre.

Le Commissariat de l'Agriculture et le gouvernement de l'Union jugent indispensable d'arriver à une réserve d'au moins 100 millions de pouds, obtenue entièrement par les économies collectives et collectivistes. Cette réserve est le minimum nécessaire pour rétablir la situation commerciale sur des bases équilibrées, et parer aux à-coups de la spéculation.

La solution du problème concret qui se pose est de faire passer les petites exploitations individuelles, de la troisième catégorie, dans la première catégorie : collectifs et exploitations d'État. « L'issue est avant tout dans le passage de la petite économie rurale retardataire, morcelée, à la grande économie collective unifiée, pourvue de machines, équipée des conquêtes de la science, et capable de jeter le maximum de blé sur le marché ». (Staline). Il faut refaire la grande agriculture avec la petite.

D'après ce que j'ai dit, cette transformation se présente sous deux aspects : accroissement des collectivités rurales et de la culture d'État.

Pendant longtemps, les paysans se sont montrés obstinément sceptiques et méfiants, dans leur généralité, vis-à-vis du régime de la culture collective. Ils ont cru y voir une mainmise politique. Mais le paysan russe, qui a un grand fonds de réalisme — nonobstant une légende qui en fait un illuminé alors qu'il n'est qu'un fervent et opiniâtre chercheur de vérité et de réalité dont la structure demeure extrêmement logique — est très accessible aux résultats acquis et aux leçons de choses ; il a bien été obligé de constater que l'exploitation d'ensemble est plus avantageuse pour chacun de ceux qui y prennent part, qu'un ensemble d'exploitations individuelles équivalent comme étendue. Mis devant les faits, il s'est rendu à l'évidence. Il a retrouvé en lui, ou plutôt, il s'est fabriqué à neuf cet instinct de la communauté qui l'avait orienté jadis vers le *mir*. C'est surtout l'intérêt bien entendu qui l'a poussé à reconnaître qu'un seul ne peut pas faire autant de besogne ni une si bonne besogne, que s'il s'appuie sur autrui par la division du travail.

La possibilité d'utiliser des machines et d'appliquer des méthodes perfectionnées, si l'exploitation agricole a une certaine étendue, augmente considérablement la productivité de la terre. Dans les « communes » de l'Ukraine, le travail collectif fait rendre 90 à 117 pouds de blé à la déciatine, contre 25 à 90 dans les exploitations individuelles, et cela au su et au vu de tous. De même, grâce aux moyens que le travail en commun permet de mettre en œuvre, une déciatine est ensemencée en deux fois moins de temps que lorsque le propriétaire exploite à lui seul, égoïstement, la part de glèbe qui lui revient. Lénine a eu raison de dire que ce qui pousse le paysan vers le socialisme, ce n'est pas la foi, ni l'amour de la justice, mais bel et bien le profit, car il comprend la supériorité pratique du travail d'ensemble. Cette notion s'est substituée, en beaucoup de têtes campagnardes, à la joie enfantine de posséder chacun sans partage son lopin de terre, ce qui, sous l'asservissement tsariste, paraissait au pauvre « moujik » l'idéal suprême.

De la sorte, une grande impulsion s'est marquée pendant ces dernières années vers la culture en commun. On peut dire que ce régime est désormais acclimaté dans les campagnes de l'U. R. S. S., et que ses progrès seront désormais rapides. Le XVe Congrès du Parti Communiste a constaté que les conditions pour un mouvement collectif des masses, sur le plan de l'agriculture, sont mûres. Des mesures importantes ont été prises, récemment, au Congrès des économies collectives pan-soviétiques : on a décidé la création d'un fonds indivisible, et la limitation du droit de propriété de chacun des membres des Kholkoz, afin de garantir la solidité et la durée de ces entreprises.

Enfin, le gouvernement consacre cette année-ci pour subventionner ces exploitations, deux fois plus d'argent que l'année dernière, soit 60 millions de roubles (780 millions de francs). Il s'agit de réformer les anciennes organisations et d'en créer de nouvelles, de telle sorte que la production actuelle des économies collectives, qui est de 55 millions de pouds, soit sous peu doublée, et que le pourcentage du blé destiné, dans ces économies, au commerce extérieur (actuellement 30 %), soit élargi.

Quant à l'autre catégorie d'exploitations destinées à incorporer l'agriculture nationale dans le secteur socialiste : les exploitations d'État, le gouvernement a décidé de lui donner une énorme extension, et un plan magistral s'est fait jour.

Cette vaste initiative a été posée il y a quelque temps par un discours de Staline, un discours de Rykov, et enfin par un discours de Kalinine au Congrès pan-soviétique des collectifs. Le but est, je l'ai dit, de constituer une réserve de blé qui ne peut être annuellement moindre que de cent millions de pouds. En possession de ce stock supplémentaire, qui permettrait de déjouer les manœuvres de la spéculation, et d'empêcher la fraude, le gouvernement de l'État Ouvrier et Paysan pourra aborder le marché extérieur, et reconstituer une exportation du blé qui n'est présentement qu'à la moitié de son chiffre d'avant-guerre.

Le Commissaire à l'Agriculture de l'U. R. S. S. nous fait savoir, dans un exposé, que le nouveau réseau d'économies rurales envisagé, et déjà entrepris, sera établi sur des terrains appartenant à l'État, et actuellement libres, de sorte qu'en aucune façon les intérêts des paysans ne puissent être mis en cause (ou du moins ce que certains d'entre eux peuvent croire être leurs intérêts, car beaucoup aujourd'hui réclament la création d'entreprises communes). Les nouvelles économies rurales s'étendront sur 4 millions d'hectares. La surface de chacune d'elles ne sera pas inférieure à 30.000 hectares. Les chiffres suivants donnent une idée de l'envergure de l'entreprise agricole dans laquelle se lance le pouvoir soviétique : Elle exigera un capital de 335 millions de roubles (4 milliards 355 millions de francs). Ce capital, équivalent à celui qui a été investi pour la construction de la grande station électrique du Dnieprostroi, doit être considéré comme un minimum. Le Commissaire à l'Agriculture Koubiak estime que la dépense atteindra 500 millions de roubles, et cela pendant quatre ans, et que « c'est absolument nécessaire si nous voulons changer les conditions et la pratique de l'édification socialiste existant déjà sur le front économique ». Koubiak ajoute : « Le pays peut mettre une telle somme ». Notons que cette année le gouvernement a dépensé pour les économies rurales d'État, des sommes formidables.

L'organisation de cette entreprise immense exige 10.000 tracteurs, 20.000 charrues et chevaux, 10.000 semeuses, 10.000 botteleuses, 18.000 semeuses et botteleuses à cheval, et 40.000 chariots pour les transports. Il est nécessaire de mobiliser plus de 1.000 techniciens.

On se rend compte des difficultés que présente pour l'U. R. S. S. la réalisation d'un pareil dessein, qui englobera des territoires d'un seul tenant de 30.000 à 50.000 hectares, c'est-à-dire des villages et des districts entiers. Il n'existe pas de précédent pour une organisation agricole d'une telle envergure sinon certains travaux américains de défrichement et d'ensemencement. Les méthodes américaines seront du reste mises à contribution par le Commissariat de l'Agriculture soviétique, qui prétend agir vite, mais aussi avec beaucoup de circonspection, en ce qui concerne notamment le choix des machines agricoles, qui peuvent donner lieu à des déboires si elles ne sont pas adaptées avec précision aux conditions du sol.

Quant aux constructions telles que les hangars ou granges, pour l'entrepôt du grain, on évitera d'en construire, et on s'efforcera d'appliquer le système américain : transport immédiat de la récolte, du champ à la gare.

L'œuvre décidée et mise en train n'est pas encore fixée dans tous ses détails, et cela volontairement, pour donner une certaine marge aux modifications et aux initiatives nouvelles qu'imposera sans doute le travail pratique : Le plan se dessine dans l'action, selon la formule à la fois pratique et révolutionnaire des réalisateurs soviétiques.

## IV

### LE PLUS VIEIL HOMME VIVANT

Il a cent quarante ans — plus, peut-être. Je l'ai vu la semaine dernière. C'était à Lati, petit village de la petite république d'Abkhasie, en plein Caucase, à soixante verstes du rivage de la Mer Noire.

On en parle pas mal à Soukhoum, de ce prodigieux ancêtre. Ce fut Tchamba, le président du Comité Exécutif Central de la République qui, le premier, me signala son existence. Cent quarante ans ! Extraordinaire record mondial. Si les centenaires sont rares, rares sont parmi eux ceux qui dépassent cent cinq et atteignent cent dix ans (et ce dernier âge ne se constate guère que dans certaines régions de Bulgarie et du Caucase). Sauf peut-être en ce qui concerne le cas d'un certain paysan anglais nommé Thomas Parr, qui vivait, je crois, au XVIe siècle, il semble qu'elle n'ait jamais été transgressée, la loi que le dieu d'Israël, las de discuter interminablement avec les hommes, nous assure la Bible, établit, en renonçant à fabriquer des types du genre de Noé et de Mathusalem, et en donnant à ses créatures humaines, comme extrême limite d'existence, « six vingt ans ».

Mais, comme je le disais, certaines populations caucasiennes abondent en centenaires. En Abkhasie, on se montre souvent des hommes ou des femmes de quatre-vingt-dix, cent, cent cinq ans et plus, et il n'est pas rare de rencontrer un être tout chenu et voûté qui, en vous désignant quelqu'un, vous dit : « Voici mon père ».

C'est pourquoi les Abkhasiens ne sont pas aussi éblouis que nous le sommes par cet âge démesuré : cent quarante ans. Ils considèrent cependant Nicolas Andréiévitch Chapkovski comme l'ancêtre des ancêtres, et le placent sans conteste, tout seul, en haut de l'échelle des âges.

J'ai voulu le voir, et j'ai demandé au gouvernement d'Abkhasie de m'en fournir les moyens, car ce n'est pas une petite affaire que d'arriver jusqu'à lui. Le camarade Guéguélia, grand vieillard à la noble barbe blanche (à côté de lui, il y avait un petit garçon de neuf ans, son fils) m'a dit : « Je le ferais bien venir à Soukhoum, mais il y aurait des risques qu'il arrivât mort. Le chemin est long et assez dangereux ».

Je lui assurai que je désirais faire moi-même le dit voyage — et il s'institua alors dans le cabinet du président de la République qu'occupait par intérim Guéguélia, vice-président du Comité Central, un véritable conseil de guerre pour organiser ce voyage. On convoqua des fonctionnaires et des techniciens. Ceux-ci faisaient la grimace parce que la première partie du voyage, de Soukhoum à Tsébelda, trente kilomètres de montagne, n'était pas très commode après les pluies des derniers jours, et la deuxième partie, de Tsébelda à Lati, encore moins. Les uns conseillaient de s'en référer avant d'entreprendre quoi que ce soit, à l'avis des météorologistes de Soukhoum, car un orage qui fût survenu pendant le trajet aurait singulièrement gâté les choses... D'autres proposaient d'attendre une série de beaux jours. De l'avis général, on ne pouvait pas accomplir le parcours jusqu'à Tsébelda dans une grande automobile qui n'aurait pas eu la place de tourner sur les corniches, mais les uns préconisaient un phaéton attelé de deux chevaux, les autres une petite automobile Ford. C'est à cette dernière solution (ainsi qu'à celle du départ immédiat), qu'on s'arrêta.

Quant au trajet, de trente kilomètres également, de Tsébelda à Lati, il ne pouvait se faire qu'à dos de cheval. On nous procurerait les bêtes, à mes compagnons et à moi, et on nous encadrerait de cavaliers de la milice.

En route ! Le lendemain, nous débarquions à Tsébelda où nous laissions l'automobile, et nous nous hissions sur les selles caucasiennes des chevaux de montagne. Ils ont l'œil très doux et secouent de longues crinières et des queues en panache. Deux superbes cavaliers ouvraient le cortège, Khadjirat Dakhirovitch Djikirba, et Pilia, le chef et le sous-chef de la milice d'Abkhasie, grands et solides militaires avec leurs amples capotes beige clair, leurs bonnets passe-montagnes vert foncé qui semblaient des casques mous, où l'étoile bleue soviétique était brodée, leurs bottes caucasiennes en chevreau, fines comme des gants. Un milicien, Belkania, Mingrélien aux yeux, aux sourcils et à la chevelure noirs, casaque noire, casquette blanche à liséré rouge, mousqueton et fouet, fermait la marche.

Bientôt, dans les gorges, les fers des chevaux tapent sur la roche taillée. C'est parfois assez désagréable, cette procession en file indienne sur ces sentiers suspendus au-dessus du vide, très peu larges, en pierre massive, très lisse où le sabot glisse et où le cheval ne se tient en équilibre que parce qu'il a quatre pieds. Au lieu appelé Bogadskaia skala, c'est une muraille à pic, tellement à pic, tellement lisse et verticale qu'elle semble taillée artificiellement sur des centaines de mètres de plongée. A mi-hauteur, tout le long, pendant un kilomètre et demi, une mince corniche qui a environ deux mètres de large s'y pose comme un fil. Lorsqu'on s'engage là-dessus, on ne s'aperçoit pas trop du gouffre vertigineux sur l'extrême rebord duquel on chemine, on entend sans le voir, gronder, au fond, le Kador torrentiel. Mais lorsque après avoir parcouru cette courbe, on se retourne, on sent une certaine aspiration de vertige vous saisir rétrospectivement, à la pensée qu'on vient de parcourir cette fine moulure où les cavaliers apparaissent comme de petits flocons ténus aux minuscules pattes d'insectes, appliqués contre la paroi gigantesque, et on a un petit frisson à l'idée que lorsqu'on reviendra, il faudra repasser là !

Puis le chemin de bordure de l'abîme devient plus boisé. Enfin, il se met à serpenter à plat aux abords d'un village, et il n'est plus qu'effroyablement boueux et pierreux. A la nuit tombante, on arrive à Lati.

On y passera la nuit. On n'ira que demain matin voir le vieil homme, qui loge dans le voisinage : il est à présent trop tard. Nous voici, la barrière de bois ôtée, dans la cour, puis sur le long péristyle d'une maison de bois qu'on ne voit qu'à tâtons, si je puis ainsi m'exprimer.

Les habitants de Lati sont patriarcaux et hospitaliers, comme au vieux temps. Ceux de cette maison sont réunis autour du feu qui brûle sur le sol de terre battue de la grande salle commune (il n'y a pas de cheminée : la fumée va noircir, là-haut, l'envers du toit). Aucun meuble, sinon une armoire et des petits bancs, et en même temps qu'à la famille, cette vraie salle commune donne asile à des poules, des chats et à un bouc attaché au mur (ce mur est tressé, comme une vannerie, sur les charpentes, et cette partie de la maison, vue du dehors, ressemble à un grand panier carré). C'est le vrai foyer, ce feu central, ce sakla, et nombre de paysans abkhasiens qui se sont enrichis ne veulent pas entendre parler d'un autre moyen de chauffage : ils ont besoin — l'un d'eux nous l'a dit ardemment — que la fumée du sakla leur brûle les yeux jusqu'à la mort.

... Ce n'est pas là qu'on nous reçoit, mais dans une petite chambre aux murs de maçonnerie, crépis, qui contient un poêle, et qui est décorée assez inopinément d'une vieille enseigne de magasin aux caractères géorgiens. Toute une partie de la pièce est remplie par une pile de matelas et de couvertures destinés aux hôtes et qui monte jusqu'au plafond.

Dans cette maison appartenant à des paysans aisés (catégorie des sérédniaks) règnent les mœurs et les habitudes d'antan. Nous demandons le nom exact du vieil homme ; mais nous le demandons à une femme, et il n'est pas convenable qu'une femme prononce le nom d'un homme autre que son mari devant des étrangers, aussi notre interlocutrice, bien qu'elle soit âgée de quatre-vingt-dix ans, ne répond pas. Nous n'avons eu aucune réponse non plus lorsque nous avons demandé à une jeune femme combien elle avait d'enfants : ce n'est pas là une question décente, de la part d'hommes, vis-à-vis d'une femme.

Nous arrivons pourtant, en nous y prenant avec savoir-vivre, à connaître, notamment par notre hôtesse nonagénaire, pas mal de détails sur le super-centenaire. Elle est la nièce du vieil homme, ayant épousé le fils de son frère. Elle est mince, comme un dessin fait par un artiste délicat, les traits ridés et aiguisés, les yeux brillants dans sa longue figure, et les gestes vifs. Elle nous est apparue d'abord en costume de paysanne, puis elle est revenue nous parler en costume d'apparat : voile sombre sur les cheveux, manteau de peluche (pas tout à fait aussi vieux qu'elle), escarpins. Elle s'appelle Aroumsouda Chapkovski. Elle nous apprend que Nicolas Chapkovski est d'origine polonaise : son père André émigra de Pologne dans le Caucase. Elle assure que son oncle Nicolas qui était un très vieil homme dont on révérait l'âge quand elle-même était tout enfant, a aujourd'hui non pas cent quarante ans, mais, exactement, cent quarante-six ans.

Le repas. Nous mangeons du poulet — chacun un morceau au bout de sa fourchette — et aussi une espèce de pâte crue de maïs dont on a une boule devant soi, dont on roule dans ses doigts des morceaux qu'on trempe dans l'huile de noisettes et qu'on mange — puis de la confiture faite de fruits et de miel. Toutes les femmes de la maison, au grand complet, depuis les vieilles jusqu'aux petites Zounia et Aéda assistent debout, en rang derrière nous, à ce grand rite de la nutrition, attentives à nous verser l'eau fraîche.

Le lendemain matin, comme on dit au cinéma, après un grand pataugement de nos chevaux dans des chemins transformés en fondrières, nous aboutîmes à un vaste enclos herbeux au milieu duquel était une toute petite maison de bois carrée. Bien qu'il tombât une pluie fine, plusieurs personnes se trouvaient dans le pré, et notamment un homme à barbe blanche, portant un petit chapeau de feutre noir recouvert d'un bachlik (turban caucasien de laine bise) non enroulé, mais pendant, sous forme de capuchon (le petit feutre et le bachlik sont traditionnels chez les paysans abkhasiens et géorgiens). Il marchait avec assez d'aisance en s'appuyant sur une canne.

C'était lui.

Sans doute, ce n'est pas à nos yeux comme à ceux des Anciens, une gloire d'être très âgé, et il n'y a pas lieu d'accorder un caractère sacré à l'équilibre et à la solidité d'un organisme — mais il n'en était pas moins émouvant de se trouver en présence de celui qui est sans doute le plus vieil homme du monde, et qui, plus encore, constitue dans l'espèce humaine, parmi les cent milliards d'individus qui ont piétiné le globe depuis le début de notre ère, un cas exceptionnel, presque fabuleux.

Si Aroumsouda dit vrai, Nicolas Chapkovski est né en 1782, sous le règne de la Grande Catherine, sept ans avant la Révolution Française. S'il avait vécu en France, il aurait vu Louis XVI et Marie-Antoinette, Danton et Robespierre. Cet homme est l'aîné de Lamartine, de Balzac, de Lord Byron. Il avait vingt ans quand naquit Victor Hugo et quarante-six ans quand naquit Tolstoï. Ce miraculeux survivant avait quatorze ans de plus que Nicolas Ier. Il avait dix-neuf ans quand Alexandre Ier monta sur le trône des Tsars, et vingt-deux ans quand Napoléon Ier se fit proclamer empereur... Et si l'on veut continuer ce petit jeu pathétique d'évocations, on peut dire qu'à la rigueur, son père aurait pu connaître le tsar Pierre le Grand.

Il nous salua, en s'inclinant, la main sur le cœur. Il nous présenta sa femme, ses enfants. Il nous invita à monter sur la petite terrasse de sa maisonnette de planches. On s'y installa. Il avait toutes sortes de parents autour de lui, et nous étions six arrivants. Il réclama d'une voix très forte et très ferme, des sièges :

— Qu'on apporte des chaises pour mes hôtes !

La conversation commença.

Le tableau ne manquait pas d'un certain pittoresque. J'étais assis à côté de l'homme que la mort a étrangement oublié. En face, carré sur une chaise, son athlétique musculature sanglée dans sa vaste capote, Djikirba, l'officier chef de la milice, au nez bourbonien et aux yeux bleus, lui transmettait mes questions en langue abkhasienne. Nicolas Andréiévitch répondait ; Djikirba traduisait en russe ; le camarade Samuel Ignat, qui avait bien voulu m'accompagner dans ce but, traduisait le russe en anglais, et ma secrétaire, Annette Vidal, prenait des notes. Chacune des personnes réunies là émaillait cette complexe conversation — très nettement et très clairement menée, malgré ses nombreux rouages — par ses remarques, et ses commentaires.

Dans l'intervalle qu'il fallait pour que chacune de mes questions posées en anglais, reçût sa réponse en anglais, j'eus le loisir d'observer minutieusement Nicolas Chapkovski. Il a l'air très âgé, sans doute, mais il ne présente pas les signes de déchéance qui rendent si pénible le spectacle des très vieux hommes. Il n'a pas la figure monstrueusement ratatinée, les paupières saignantes, la bouche baveuse et la peau momifiée de la plupart de ceux qui ont dépassé les bornes dans le temps. Il n'est pas très ridé, a l'œil très clair, le geste très vivant. Il n'a aucune espèce d'infirmité. Il ne porte pas de lunettes, et même, il lui reste une dent. A peine se plaint-il que depuis quelques années il devient un peu dur d'oreille ; mais cela se remarque à peine. Son organisme — et on n'a pas de peine à le croire — est d'une trempe peu commune. Il raconte qu'il ne sait pas ce que c'est qu'être malade, et qu'il y a seulement quarante et même vingt ans, il était « fort comme les montagnes », portant sur son dos des fardeaux qui eussent écrasé des dos de vingt-cinq ans. Naguère, — à cent vingt ans — il se baignait l'hiver dans la rivière, ce qu'aucun des jeunes hommes de Lati n'osait faire. Il buvait du vin, mangeait beaucoup. Aujourd'hui, il trouve qu'il a beaucoup baissé sur ces chapitres-là. Toutefois, le vin et même la vodka ne lui font pas peur.

Se rend-il compte qu'il bat un sensationnel record universel ? Soit... Il n'a jamais, en effet, entendu parler de quelqu'un qui fût plus vieux qu'il ne l'est actuellement, et il a vu peu à peu s'incliner et se coucher jusqu'ici tous les hommes, autour de lui. Il est tellement habitué à accumuler les années qu'il lui semble qu'il a dans les deux cents ans. Mais il ne pense pas outre mesure à cette supériorité qu'il porte, grandissante, parmi les hommes. Je lui cite le cas unique de son antique concurrent Thomas Parr, en ayant soin d'ajouter, pour ne pas attenter à ses droits, que c'est un cas quasi légendaire. Il ne savait pas, et cela l'intéresse. Il dit : « Pourquoi je suis si vieux, je ne sais pas. Le temps passe, et moi, pas. ». Puis il se tait et sourit doucement ; son silence veut dire : Eh bien, oui... c'est comme cela, tant pis ou tant mieux ! Son sourire est très pur, et en ce moment passe en lui l'âme fataliste de la Russie d'autrefois.

A un autre moment, il rit et fait des gestes, les deux mains crispées et explicatives, ou bien il allonge le bras et désigne quelque chose dans l'espace, oratoirement.

On revient à la grande question qui plane :

A quoi, à quel régime, attribue-t-il son grand âge ? Au pays, sans doute : la montagne produit des centenaires comme elle produit des grands chênes. Son régime ? Il n'en suit pas. Il mange ce que mangent tous les honnêtes gens qui n'ont plus de dents. Il répète qu'autrefois il était un gros mangeur et que maintenant il est un mangeur moyen.

Son plus vieux souvenir ? Il se rappelle que lorsqu'il avait douze ans, et qu'il était berger dans la montagne, il a pris part à la razzia d'un village voisin : haine et représailles de village à village, vendetta : la vieille Abkhasie peut, sous cet angle, se comparer à la Corse ou à la Sicile. C'était, bien entendu, longtemps avant la domination russe. Il se souvient pertinemment de la mêlée et du transport du butin, mort et vif, qui s'en suivit. A douze ans, Nicolas était déjà grand et fort comme un homme.

Il s'est marié trois fois. Sa première femme l'a quitté, alors qu'ils avaient plusieurs enfants, entraînée qu'elle fut dans le flot d'une émigration turque. Sa seconde femme est morte. Il en a eu trois enfants, un fils et deux filles qui, depuis, sont morts de vieillesse, mais qui avaient eu eux-mêmes des enfants. Ces petits-enfants de Nicolas sont présentement établis en Abkhasie, dans l'ouiesd du Kador, de l'autre côté de la rivière. L'un d'eux a un fils de quarante ans qui est donc l'arrière-petit-fils de mon interlocuteur.

La troisième femme, Assima, est ici. Elle a quatre-vingt-un ans, et elle a de lui cinq enfants : quatre fils et une fille. Je vois un fils de quarante-deux ans, un fils de trente-deux ans, et une fille de vingt-six ans.

Sans doute, on voudrait qu'un homme qui a porté ici-bas, pendant près d'un siècle et demi d'histoire mouvementée et bouleversante, la lumière d'un regard et d'une conscience, ait été témoin de quelques-uns des événements immenses dont il fut le contemporain, et ait entrevu quelques-unes des figures dominantes, qui ont passé en même temps que lui. J'ai connu autrefois un centenaire qui, étant gamin, avait vu Napoléon de très près et me racontait méticuleusement l'impression que lui avait produite l'empereur s'avançant vers lui dans une allée de la Malmaison ; et il donnait des détails sur le son de sa voix « brève et métallique ». J'ai connu, dans l'Union Soviétique, d'autres vieillards qui ont évoqué d'émouvants fragments d'histoire, et je parlerai sans doute quelque jour, sous une forme ou sous une autre, de l'étrange impression de contact direct que donnent ces révélations positives : c'est quelque chose comme un rêve irréalisable qui se réalise ! Mais Nicolas Chapkovski, l'aîné des hommes, celui qui a eu une envergure de destinée matériellement beaucoup plus ample que qui que ce fût, ne peut évoquer rien de tel. Il n'est dramatique que par lui-même, intrinsèquement. Il n'a guère quitté l'Abkhasie : à peine s'est-il aventuré jusqu'au Karatchaï, et il ne connaît pas d'autre grande ville que Soukhoum. (Il ne se serait sans doute pas conservé aussi vieux au vent du large de l'univers). Il n'a donc souvenance que de faits locaux : par exemple, les expéditions punitives contre les villages voisins, et les retours avec la cargaison de femmes et d'animaux capturés. Il se souvient aussi d'avoir vu construire des casernes turques aux environs de Lati. (Le lendemain matin, je suis allé les voir. C'est un long monument aux murs épais, crevés, démolis, disloqués et envahis par les arbres, donnant un aspect de ruines antiques, et sa destruction date d'une centaine d'années.)

Il dit aussi : « Quand j'étais jeune, il n'y avait guère d'arbres et pas de forêts aux alentours du village. Il me fallait marcher trois jours vers le Karatchaï pour trouver de l'ombrage. ». Il est exact qu'il en fut ainsi autrefois, il y a bien longtemps. Maintenant, toute la région est couverte d'une forêt épaisse où pullulent les grands et vieux arbres.

Il se souvient (et cela jalonne sa vision bien loin dans le passé) qu'il fut un temps « où toute la contrée depuis Kosta (près de Sotchi) et toute la Svanétie, étaient abkhases. La population était alors très dense ». C'est vrai : l'Abkhasie, au cours de l'histoire moderne, a vu réduire ses limites et sa population qui atteignit 200.000 personnes, et qui n'est plus actuellement, sur place, que de 70.000. Se rend-il compte de l'étendue de ses souvenirs ? On lui a demandé s'il parlait russe, il a répondu : « Non, autrefois, je parlais russe, mais je l'ai oublié. ». Ignat a l'idée de se planter devant lui, de l'interpeller en russe, et il répond immédiatement — en russe. Cet incident me frappe : que ne pourrait-on tirer de l'amas assoupi de ses souvenirs, si on restait quelque temps à côté de ce vieillard, et si on cherchait méthodiquement à réveiller son évocation intérieure !

Sait-il que son pays vit maintenant sous un régime nouveau ? Oui, il le sait. Interrogé sur son opinion touchant ce régime, il dit que le gouvernement soviétique lui paraît bon, mais que, dans tout régime, il y a des gens qui sont plus favorisés que d'autres.

Il n'est pas sans ressources, il a, comme j'ai dit, une petite maison. Il possède une vache. Il vit à la charge de son fils. Il reçoit, de plus, une pension de quinze roubles (deux cents francs) par mois. J'ai pris la liberté, à mon retour, de demander aux camarades dirigeants de la République d'augmenter un peu cette pension.

A la suite de cette longue entrevue qui se termina en effusions — le vieillard faisant mine de m'embrasser la main, je le pris dans mes bras et serrai avec précaution sa vénérable et précieuse personne — je revins à Soukhoum avec la préoccupation de m'informer d'une façon positive de l'âge authentique de Nicolas Chapkovski.

De papiers légaux, le surcentenaire n'en a pas. Son dossier de pensionné que j'ai vu au service de l'Assistance Publique porte comme âge : cent quarante ans (en 1927), mais ne mentionne aucune pièce officielle.

Contre cet âge quasi surnaturel de cent quarante ans, il y a : l'aspect robuste du vieillard, l'âge de ses trois derniers enfants, et enfin les variantes qu'on recueille dans la région même sur le nombre des années qu'il a accumulées sur sa tête.

Mais on peut répondre aux deux premières séries d'arguments (après avoir noté que l'âge des enfants ne peut valoir d'une façon absolue et scientifique qu'en ce qui concerne la mère, et non le père), en invoquant l'extraordinaire vitalité du vieillard. Quant aux contradictions de la voix publique, compréhensibles lorsqu'il s'agit de tels totaux, il y a lieu de remarquer que les sceptiques les plus acharnés, les discuteurs les plus entêtés reconnaissent tous que le *starik* de Lati n'a pas moins de cent vingt ans.

Il est sans aucun doute prodigieusement âgé. Des témoignages comme ceux de la vieille Aroumsouda, sa nièce, extrêmement intelligente et précise, et de beaucoup d'autres personnes très vieilles qui dans leur enfance l'ont toujours connu comme un homme très âgé, m'ont convaincu que la tradition des cent quarante ans touche à la vérité. N'oublions pas qu'il a un arrière petit-fils de quarante ans. D'ailleurs, le fonctionnaire qui, en 1927, a écrit cent quarante ans sur la fiche signalétique du dossier de pension n'a pas consigné ce chiffre sensationnel sans raison.

Il y a, du reste, des moyens de s'en assurer. Dans l'impossibilité où j'étais moi-même, faute de temps, de tirer la chose indiscutablement au clair par une série d'interrogatoires méthodiques du centenaire, de ses parents, de ses proches et voisins, par le collationnement des souvenirs, par l'étude généalogique systématique de ses descendants et collatéraux et en compulsant les archives et les documents, — j'ai fait une démarche auprès de la Société Scientifique d'Abkhasie pour lui demander d'entreprendre cette enquête. J'espère qu'elle acceptera ce travail qui est d'intérêt national, d'intérêt scientifique et même d'intérêt social. Et je suis persuadé que ce corps savant apportera une lueur indicatrice sur le commencement exact d'un des plus longs chemins qu'un homme ait parcourus sur la terre (1).

(1) Six mois après que j'avais écrit cet article dans *Monde*, j'ai reçu une longue lettre de Guéguélia qui me racontait la visite qu'il était allé faire à Nicolas Chapkovsky dont la pension avait été, en conformité avec ma demande, doublée. Guéguélia m'apprenait que de la minutieuse enquête qu'il avait menée, il résultait que le patriarche des montagnes d'Abkhasie avait certainement au moins cent quarante ans. Il ajoutait qu'il donnait des signes d'affaiblissement.

# V

## LA MAISON MONTAGNE

Je l'avais vue en construction lorsque j'étais allé à Kharkov en octobre 1927 : au milieu d'une place démesurée, on l'apercevait comme une chaîne de montagnes couvertes d'échafaudages. Quatre mille ouvriers y travaillaient, on voyait cette immense fourmilière s'évertuer sur les moignons cyclopéens de la bâtisse, et on n'entendait pas leurs coups de marteau ni aucun écho de leur tumulte, dans la distance. Au pied des énormes façades ébauchées et sur lesquelles les ouvriers montaient et descendaient comme des marins sur les cordages, s'étendait un amas incalculable de matériaux de construction et de bâtiments provisoires.

On m'avait dit alors : la Maison de l'Industrie, commencée en 1926, doit être finie en 1928.

Cela fait deux ans. Or, c'est là, je crois bien, la plus grande maison du monde, ou tout au moins de l'Europe (je ne sais pas s'il y a quelque chose de comparable en Amérique). Cette maison a plus de 300 mètres de façade, 75 mètres de hauteur. Elle couvre 9.850 mètres carrés, elle a 6 hectares de planchers, 1.200 chambres dont certaines sont des salles énormes qui ont 8 mètres de hauteur et 30 mètres de long et de large. Son volume est de 340.000 mètres cubes. C'étaient là les données du plan qu'on m'a montré il y a quinze mois. Or j'ai vu la maison terminée lorsque je suis retourné à Kharkov au début de 1929. Sur la grande place maintenant dénudée des chantiers, des ateliers, des bâtiments divers qui l'encombraient (tout un quartier de ville, qui renfermait aussi des institutions de culture pour les ouvriers, une bibliothèque, un théâtre, un bureau de poste, etc...), le bâtiment s'élève, strict et net, comme une épure architecturale. On dirait, à voir cette maison, la moitié d'une rue vertigineuse de grands palais gris.

Ne croyez pas pourtant que ce prodigieux édifice manque d'unité. Avec sa façade en demi-cercle et la symétrie équilibrée de ses ailes qui sont hautes de 7 à 13 étages, la Maison de l'Industrie donne au contraire, une admirable impression d'ensemble. Un peintre traduirait cette harmonie, mais la photographie, lorsqu'elle n'est pas faite de très loin, trahit ce réalisme artistique, avec ses raccourcis, ses perspectives intensifiées et ses déploiements déformateurs qui effacent les courbes. On ne peut photographier ça que par morceaux.

Entièrement faite, dans son armature extérieure, en ciment armé et en verre, la Maison de l'Industrie a pour but de loger des industries d'État ou Trusts, au nombre de 20 (la plupart pour l'Ukraine seulement, et d'autres, notamment le Trust de l'acier avec ses 1.600 employés, pour toute l'U. R. S. S.). Elle renferme, en plus des bureaux : des salles de réunions, des salles de séance, des salles à manger, des clubs, un hôtel de 56 chambres destinées aux visiteurs venus pour affaires, des bibliothèques, des postes et télégraphes, des bureaux de banque, des études de notaires, une station de radio, une installation pneumatique pour distribution intérieure du courrier, et toute une collection d'appartements pour le personnel.

Étant donné tout ce qui s'engouffre entre ses murs, elle réalise une économie sur les prix de revient des bâtiments de dimensions courantes (la moitié moins environ, au mètre carré). De plus, l'aménagement des bureaux et des services est fait, si l'on peut dire, d'une façon parfaitement rationnelle, avec des moyens de communication et de liaison proportionnés aux besoins. Tout un réseau de voies d'accès : six ponts allant d'un bâtiment à l'autre (ces ponts, couverts, ont vingt mètres de longueur et se dressent à des hauteurs de quinze à vingt-cinq mètres) et les ascenseurs permettent le parcours rapide de l'énorme labyrinthe intérieur, dans le sens vertical et dans le sens horizontal. Toutes les douze cents pièces de la Maison communiquent : je veux dire qu'on peut la traverser de part en part, à condition, bien entendu, que l'on possède quelques notions géographiques préalables.

Je ne pense pas qu'il soit nécessaire de m'attarder dans les détails et de montrer combien cette maison a été construite avec le souci des perfectionnements les plus modernes et les dernières améliorations que l'industrie a apportées à la maçonnerie en ciment armé. Je citerai seulement un exemple du soin pratique et technique avec lequel tous les éléments de la construction ont été étudiés : Les toits, qui sont plats et en terrasse, sont formés, par couches successives, de liège baignant dans du goudron, de carton bitumé, de gravats pressés, de trois épaisseurs de carton enduit d'un isolant spécial qu'on fabrique dans la maison même, d'une nappe épaisse de ce produit et, enfin, d'un cailloutage.

Le nombre de personnes qui travaillent dans la maison est d'environ sept mille. On y compte, de plus, mille visiteurs chaque jour.

Les ascenseurs sont au nombre de dix-huit, dont quatre italiens et douze russes (Moccelprom). Chaque ascenseur contient six à douze personnes et l'ensemble du mécanisme gigantesque de montée et de descente est calculé de telle sorte que tout le personnel de la maison peut être transporté de la rue à son poste en quarante minutes, et en être intégralement extirpé dans le même temps.

Du reste, toute la maison est pleine de machines, grandes et petites, depuis les machines qui servent à la reproduction des plans architecturaux et des diagrammes, pour tous les services de la maison, jusqu'aux machines diverses qui œuvrent dans les cuisines colossales, aux innombrables machines à calculer et machines à écrire (les bureaux où les dactylographes sont réunis sont curieusement tapissés d'étoffe plissée, de façon à amortir le bruit de l'écriture métallique), — jusqu'à l'admirable installation téléphonique, dont un seul employé peut surveiller le spacieux fourmillement mécanique, presque tout y fonctionnant automatiquement. Il y a dans la Maison seize cents appareils téléphoniques.

Le chauffage est assuré par seize chaudières. La ventilation et la distribution d'eau fonctionnent au moyen d'un squelette monumental de tubes, de chambres, de filtres et de robinets, et 160.000 litres d'eau par jour. Le service des eaux de Kharkov ne peut pas donner la pression suffisante pour faire monter l'eau jusqu'en haut de la maison. Il a donc fallu aménager tout un dispositif géant de pompes et de bassins. Pour le cas d'incendie, un règlement spécial a été élaboré et à certains employés incombe la responsabilité d'accomplir tout le nécessaire pour lutter contre le feu, faire procéder à l'évacuation et éviter la panique. Il y a deux cents postes d'eau spécialement destinés à combattre le feu.

L'édification de la Maison de l'Industrie a coûté de 40 à 50 roubles le mètre cube. Cela fait, pour l'ensemble, 15 millions de roubles, soit 195 millions de francs. N'oublions pas que le bâtiment a absorbé plus de 8 millions de kilos de fer et plus de 12 millions de kilos de ciment et qu'il y a là, en verticale, 45.000 mètres carrés de vitres. L'argent a été fourni par les Trusts intéressés et les Banques d'Industrie. La décision concernant l'édification du bâtiment a été prise en 1925 par le Conseil Économique de l'Ukraine, puis par le Conseil Économique Central. Une crise financière momentanée ayant arrêté les travaux en 1926, ceux-ci ont continué au mois d'août de la même année, grâce à une avance de fonds consentie par le Comité Central du Parti Communiste.

L'architecte de la Maison de l'Industrie (le plan a été accepté à la suite d'un concours) est le camarade Kravetz, assisté de Felger et de Sérafimovitch. Le « commandant » de la Maison de l'Industrie, c'est-à-dire celui qu'on pourrait appeler le maire de ce bloc urbain formidable, est le camarade Tchistov (1).

(1) Je veux noter ici que les dernières nouvelles que j'ai reçues de Kharkov mentionnent entre autres entreprises sensationnelles, l'édification d'une nouvelle maison géante (375.000 mètres cubes), qui sera terminée au printemps 1931.

## VI

### LES MORCEAUX DE LA FOIRE DE NIJNI

A quelque chose malheur est bon. Grâce à la maladie qui m'a fait longtemps séjourner à Nijni-Novgorod où je n'avais l'intention que de passer quelques heures, j'ai pu prendre contact intimement avec cette ville, la pénétrer par bien des coins, l'interroger et la connaître, ainsi que la région qui rayonne d'elle. Et cette besogne de rapprochement est pleine de charme et d'enseignement, et d'un amoureux intérêt.

Le cadre est grandiose : un des plus beaux de la vaste Russie. Je l'ai vu d'abord d'un seul coup, d'un seul coup d'œil, d'un seul coup d'aile — puisque c'était à huit cents mètres de hauteur, sur un hydravion de l'*Ossoaviakim.* Je ne me suis pas encore habitué à l'émouvant spectacle des cités embrassées ainsi en leur forme exacte et totale par l'œil envolé dans l'espace. J'ai vu deux cours d'eau, démesurés en long et en large, comme deux bras de mer : l'Oka et le Volga. Sur ces spacieuses étendues glissantes, circulent au milieu d'un semis de barques, et de forêts horizontales de bois de flottage, des bateaux géants, de voyageurs et de marchandises. Au moment où l'avion a sauté hors de l'eau et a commencé à gravir le ciel, j'ai vu de près l'énormité des bateaux-citernes qui transportent le pétrole depuis la Caspienne, métalliques et rouges, semblables à des forteresses. Les bateaux à passagers, étagés, et peints en blanc, ont de vraies façades de maisons : on dirait des morceaux de rues neuves qui flottent et avancent dans l'eau. Mais lorsque l'avion nous a tirés en l'air, et s'est mis à dessiner en cercle, dans la nue, un sommet abstrait et vertigineux de montagne, les hommes de la terre sont devenus des traînées de points, les fleuves ont pris leur forme linéaire de fleuve, et les énormes chalands ne paraissaient plus que des hannetons qui nageaient, et bientôt, on ne les aperçut plus guère qu'à leur sillage triangulaire mille fois plus volumineux qu'eux. De même, du vibrant belvédère mécanique suspendu dans l'air, on ne discerne plus l'immense pont de bateaux qui délimite l'Oka et le Volga, qu'au remous qu'il creuse au loin dans l'eau lorsque le tramway y passe. Et l'on voit se déplier, dans la vitesse grondante, au fond du gouffre, la carte de Nijni. Sur la rive droite du Volga, la ville en miniature : petits toits rouges enveloppés chacun dans beaucoup de vert, le rond-point à pic, peint tout autour en vert et couronné par le Kremlin, contemporain de celui de Moscou, et pareil à un jouet d'enfant. On voit, dans les rues, les voitures oblongues comme des larves, les chevaux comme des mouches, et les gens comme des signes de ponctuation piqués de couleurs. On pense à la finesse bariolée de ces adorables peintures que les koustaris alignent sur les couvercles des boîtes laquées.

Nijni-Novgorod ! Ce nom est célèbre dans le monde entier. Tous ceux qui sont tant soit peu passés par l'école, le connaissent. Il évoque une vieille cité, née en même temps que Moscou, à l'histoire pittoresque et tragique, et il évoque surtout, dans la période contemporaine, la Foire, cette foire quasi légendaire et installée au cœur du plus grand pays, et au bord du plus grand fleuve, de l'Europe. C'était alors un extraordinaire remuement tant que durait la foire. Nijni-Novgorod était sens dessus dessous, plein de visiteurs de marque ou de gros négociants, et cette grande foire d'affaires se transformait en grande foire de plaisirs, où le champagne coulait à cascades.

J'en causais avec une vieille dame, femme d'un ex-gros industriel d'ici. Cette « ci-devant », du reste très digne et très loyale dans son aspect démodé, ne pouvait s'empêcher de comparer le présent au passé :

— C'était un défilé ininterrompu... Grands personnages, et petits, tout refluait ici. Voici quelques années, il y avait un service spécial d'avions de Moscou à Nijni. La foire emplissait toute une ville dans la ville. Maintenant, voyez ce qu'il en reste : le grand bâtiment de la rive gauche et les bazars d'échantillons. (Nous sommes, en ce moment, en pleine période de foire.) Tous les autres bâtiments utilisés jadis sont déserts ou démolis. Regardez cette vaste enceinte, naguère fourmillante de monde à cette époque : c'est un chantier de décombres jalonné de piles de briques. »

Il est de fait que la foire de Nijni, qui dure du début de juillet à la mi-septembre, est bien en décadence et sa gloire bien éclipsée. L'intérieur du « Grand Bâtiment », sur la rive gauche, n'est plus qu'une multiple boutique où, à des comptoirs agrémentés de marchands ou de marchandes en costumes nationaux, se vendent quelques produits caractéristiques des différentes régions de l'Union — Ukraine, Russie Blanche, Caucase. Il y a aussi des boutiques orientales non soviétiques : persanes ou afghanes.

Au surplus, la vieille dame, vénérable débris d'une époque historique révolue, me montra les bateaux en mouvement sur le Volga, en soupirant :

— Ah ! la navigation n'est plus ce qu'elle était. On ne peut pas comparer son activité d'antan avec ce qui en reste aujourd'hui.

Alors ?

Alors, Nijni a bien perdu de son antique splendeur ?

Ne nous pressons pas trop de conclure dans ce sens. Examinons les choses d'une façon plus complète, comme des gens de bon sens, et non comme des littérateurs.

Transportons-nous dans la Sverdlovskaia, la grande rue centrale de Nijni, qui montre ses beaux magasins, son théâtre, sa banque. Suivons-la infatigablement. Elle se transforme en un faubourg aux exquises maisons de bois ; après une très vaste place qui garde étrangement son vieux style de Russie classique, la voie devient une chaussée qui va vers Mouiza à travers des plaines où, à longs intervalles, se dressent d'imposantes agglomérations de bâtiments : les prisons (œuvre du tsarisme qui en était fier), et les casernes. Arrivés aux casernes, coupons dans les champs à notre droite pendant quelques pas. Nous constaterons soudain que nous sommes sur le bord d'une falaise à pic qui plonge dans le vide de plus de cent mètres de hauteur. En bas, au fond, le cours majestueux de l'Oka. De ce poste d'observation où nous sommes, nous voyons aussi au loin, le Volga, et nous embrassons à perte de vue un colossal spectacle sur les rives des deux cours d'eau. Sans parler de l'énorme entrepôt des bois de flottage arrimés et rangés sur une partie du lit de sable à découvert dans cette région, il y a là des files et des pâtés d'usines, des séries de cheminées, des ensembles de fabriques, des quartiers tout entiers en travail.

C'est là le Nijni industriel qui, à côté du vieux Nijni, pose une nouvelle ville. Ces deux villes jointes et unifiées feront, à un moment donné, le Grand Nijni Novgorod. C'est toute une poussée de vie volumineuse sortie de la Révolution d'Octobre, c'est l'industrialisation d'une région, par coups de vaste envergure, et à rythme rapide.

A Nijni même, sans doute, il y a eu déjà de valables réalisations. J'y ai vu en construction, ou déjà achevées, des fabriques, des écoles, une « Faculté mécanique », des maisons de savants. Je sais qu'il y a à l'Université qui étend sa façade, sœur ressemblante de celle de la Première Université de Moscou, devant le Kremlin, trois mille étudiants ; et huit *technicums* dans la ville, et de multiples cours et facultés ouvrières. J'ai visité le laboratoire de radio qui, avec celui de Léningrad, est le plus important de l'U. S. et en alimente tous les centres radiophoniques ; dans ce laboratoire, qui date de 1920, qui s'est installé dans un séminaire et une fabrique de cierges, et dont les directeurs sont non seulement de grands savants mais aussi des inventeurs, j'ai vu la lampe Vladimir Ilitch qui est la plus forte du monde et des appareils admirablement perfectionnés construits sur place — au pied des deux antennes de soixante-cinq mètres de hauteur.

Mais c'est surtout en dehors de la ville que le grand mouvement de reconstruction et de renaissance s'est effectué. Voici Sormovo, au bord du Volga, et ses usines métallurgiques. Elles occupaient avant la guerre 13.000 ouvriers et en ont maintenant 18.000. Elles produisaient pour 21 millions de roubles. Elles produisent 48 millions. Les innombrables et interminables bâtisses qui couvrent près de cinq kilomètres, vieillissent, et on commence à construire des ateliers nouveaux : On voit d'énormes carcasses dans la campagne. A Sormovo, on fait maintenant des bateaux-citernes de 10.000 tonnes. Je suis monté sur deux d'entre eux, le *Lénine* et le *Profintern*, qui, presque achevés et tout résonnants de terribles coups suprêmes de marteau, allongent leur silhouette en fer de transatlantiques, sur le Volga. Deux autres charpentes gigantesques forment deux tronçons de tunnel encore ajourés sur les flancs, dans le lit desséché d'un bras du fleuve — où le printemps ramènera l'eau qui emportera les coques, alors terminées, des chalands et transports. Cette année a donné deux bateaux et cinq chalands, l'année prochaine donnera cinq bateaux et quinze chalands. Sur d'autres points de la cité industrielle de Sormovo, on fabrique des locomotives, des wagons, des tramways et des moteurs. Sormovo a déjà 50.000 habitants, ce qui fait presque la moitié de ceux de Nijni (120.000).

A Kanavino, qui fait partie de cette colossale banlieue que le Grand Nijni est en train d'assimiler dans son orbe, il y a 70.000 habitants, et voici quatre ans, il n'y en avait que 44.000. C'est un quartier presque neuf, où le tramway ne fonctionne que depuis deux ans ; 300 maisons ouvrières neuves, chacune contenant quatre logements, — au milieu desquelles j'ai circulé — un Palais du Travail presque achevé et dont les façades de ciment armé sont gigantesques : notre automobile a mis longtemps pour en faire le tour. Il a coûté 1 million 500.000 roubles et sa salle de spectacle contiendra 2.500 personnes. J'ai vu, à côté, une maison d'orphelins en construction, et une maternité, construite. Dans tout ce quartier il y a 15 usines et 26.000 ouvriers.

Et partout, d'immenses entreprises neuves sortent de terre tout autour du vieux Nijni : une usine hydroélectrique qui n'a pour le moment que 20.000 kilowatts de force, mais en aura 42.000 en février prochain, dans un an 64.000, puis, plus de 100.000. Une papeterie, la plus grande d'Europe. Elle existe déjà presque entièrement. Elle s'éploie le long du Volga sur trois kilomètres. Elle se saisit des troncs d'arbres de 35 mètres qu'amène du nord, en multitude, la dérive du fleuve, et ce bois, pêché par des grues monstrueuses, passe automatiquement et d'un mouvement continu à travers douze énormes bâtisses de six à sept étages et de quarante mètres de haut, et le bois happé au commencement, scié, décortiqué, broyé, ressort à l'autre bout en bande de papier de six mètres de large. Rien que pour transformer le bois en pâte, la fabrique, utilise journellement 10 millions de védros d'eau — autant que Moscou tout entière en consommait en 1913. Cette usine fournira à elle seule assez de papier pour faire la moitié des journaux paraissant dans l'Union Soviétique (500.000 tonnes). Actuellement, sa fabrique de cellulose n'est pas encore terminée. Une seule de ses machines sur deux, est en fonction. Son achèvement est une question de mois. A côté d'elle tout une ville ouvrière d'une centaine de maisons, club, école, hôpital, pompiers, etc.

Et il y a bien d'autres choses encore qu'on voit aujourd'hui, ou que l'on verra bientôt dans les grands environs de Nijni ou même dans la zone qu'on embrasse des yeux lorsqu'on se pose sur la crête de l'énorme falaise fluviale, à côté des casernes... On projette notamment une vaste verrerie qu'on entreprendra l'année prochaine, et un tunnel sous le Volga en aval de Nijni.

On m'a mis au courant de multiples projets positifs. Ils ne tendent à rien moins qu'à faire de Nijni un des plus grands centres producteurs de toute l'U. R. S. S. ; une de ses capitales industrielles. Nijni a déjà dans la Russie d'Europe une position de capitale : papier, verre, produits chimiques, cuirs.

Le centre ne cesse pas pour cela d'être aussi un centre agricole ; le rendement de la terre y est d'une excellente moyenne.

Et parlons ici, entre parenthèses, de cette « Commune » de Bogarodska qui est à la fois agricole et industrielle parce qu'elle s'occupe du travail des peaux. Elle a gagné l'année dernière plus de 30.000 roubles et elle assure aux 212 personnes qui exploitent ses 500 hectares, un revenu de 2 roubles 40 à 2 roubles 80 par jour pour les grandes personnes et de 40 kopecks pour les enfants. Remarquons que l'exploitation individuelle rapporte dans la région de Nijni 82 roubles par an en moyenne pour les séredniaks et 72 pour les biednaks. Nous ne sommes pas les seuls à méditer sur cette comparaison : les paysans la font aussi avec leur impérieux réalisme qu'à l'étranger on comprend de travers et qu'on qualifie légèrement de religiosité. Ils constatent qu'il y a intérêt pour chacun à participer au travail collectif. Cette évidence les pénètre par le fait — et c'est là qu'est sans aucun doute la solution de la question agraire soviétique. Il en est plus d'un qui, regardant d'un œil morne son bœuf ou son cheval qui ne peut plus se tenir debout parce qu'il tombe d'inanition à la fin de la mauvaise saison — et qu'on est obligé de suspendre par des sangles accrochées au plafond —, pense aux 2 roubles 80 des communards, et comprend le socialisme.

Bref, pour toutes ces raisons que je résume et mesure à la hâte, nous voyons sans émotion que la foire de Nijni-Novgorod passe aujourd'hui au second plan. A la vérité, on ne la néglige pas, mais on l'adapte aux conditions nouvelles d'un grandiose processus de travail. Jadis ces conditions se présentaient tout différemment : par exemple, rien que dans le district de Ivanovo Vosnesenska, plus de cinquante grands patrons textiles avaient à se concurrencer sur le marché de Nijni, et il n'y a plus maintenant à leur place qu'un seul trust d'État.

Donc il ne faut pas, le regard obstinément rivé sur les enceintes désaffectées et pleines de plâtras, de l'ancienne foire, parler d'un état de régression ou de stagnation. C'est au contraire vers une destinée bien plus brillante et bienfaisante que s'achemine méthodiquement Nijni grandissant. Pour cela, il déblaie et rationalise.

S'il m'est donné de revenir à Nijni-Novgorod d'ici cinq ou six ans, quels changements je suis sûr d'y trouver ! Sans aucun doute, le Grand Nijni aura alors mérité le nom qu'il se prépare, et même il aura mérité plus que jamais dans sa riche histoire son surnom de Novgorod, Ville Nouvelle.

Et je suis sûr aussi que je retrouverai, malgré la multiplication industrielle et le perfectionnement, le charme poétique incomparable de cette ville, avec ce creux immense des deux fleuves qu'elle surplombe d'un bout à l'autre et sur lesquels s'ouvrent inopinément, à quelque détour, des perspectives si majestueuses et si vertigineuses ; avec ses spacieuses rues verdoyantes aux pittoresques isbas, qui sont parfois comme les rues d'un énorme village, mais où les clochers bulbeux bariolés, argentés ou dorés, voisinent avec les cheminées d'usines, les pylônes, les antennes, les cadres et toiles d'araignée de la T. S. F. — Ville ample aux vastes ouvertures, baignée par le vent du large, battue en ses abords par des nuages de corbeaux, avec ses bateaux monstres qui flottent sur ses eaux géantes, paysage sévère mais toujours grandiose, qui prend vite, au soleil ou dans la brume, des aspects d'infini, et qui laisse aux yeux et au cœur de ceux qui y sont passés, un attrait ineffaçable.

# VII

## L'ÂPRE ET DOUCE CRIMÉE

### I

Depuis que je parcours les rivages de la Crimée, un vieil instinct d'homme de lettres me donne toutes sortes de tentations de faire un parallèle entre cette région et la « Côte d'Azur » française où la guerre m'a forcé d'habiter plusieurs mois chaque année, et que je connais bien.

Le même vieil instinct m'a déjà obligé, dans mes pérégrinations à travers l'Union, à comparer les décors du continent soviétique avec ceux des autres pays, à chercher les éléments et les caractères communs des paysages qui m'ont entouré, les traits généraux dont on puisse dire : Voilà ce qui est caractéristique de l'aspect de la Russie et des Républiques. Les hommes de lettres sont les forçats de la généralisation, et quand ils voyagent, ils prétendent répertorier le pittoresque, et faire jouer le grand jeu des rapprochements et des contrastes.

Au premier abord, cela paraît un peu ridicule de vouloir poser des descriptions homogènes sur un ensemble aussi divers et aussi étendu que celui de « l'autre Europe », pour employer l'expression de Luc Durtain. (J'espère bien que l'U. S. ne sera jamais une autre Europe — et j'espère encore plus que l'Europe deviendra une autre U. S.). Et pourtant, je crois avoir trouvé ce caractère spécifique, aussi bien du paysage russe, que de l'ukrainien et du caucasien : c'est *la grandeur*. Nulle part au monde, la nature, mêlée au travail de l'homme — cultures ou bâtisses — ne nous communique les impressions d'immensité, d'ampleur pathétique, souvent désertique et dépouillée, parfois pleine de mélancolie et de tristesse, qu'on subit sur l'ex-terre des tsars. Peut-être cette sorte de fatalité grandiose des paysages a-t-elle influé sur les dimensions de l'admirable âme russe, qu'on finit tout de même par discerner à travers tant de légendes et de formules conventionnelles ou surannées, et de définitions de contrebande...

Du côté de l'occident et de sa civilisation, la nature est mieux manufacturée, les tableaux des choses, mieux composés et plus encadrés d'architecture, plus achevés, plus aimables et plus perfectionnés. (En Suisse et en Italie, les grandes étendues restent souriantes). Du côté de l'Orient, moins d'utilisation du terrain et de densité de maçonnerie ; vastes images, perspectives à perte de vue, aspects pas finis. Les faubourgs des villes, les routes, les plaines, le lit des fleuves, ou le rivage de la mer, ou la crête des montagnes, ont une envergure et une nudité qui deviennent volontiers majestueuses et émouvantes. J'ai souvent éprouvé, dans les points les plus divers de l'U. R. S. S., au nord, au centre ou au midi, sur quelque berge, à quelque carrefour de pistes — avec des poteaux télégraphiques seuls debout sur toute l'horizontalité, — sur quelque chaussée aux rares maisons de bois, en haut de quelque côte pierreuse, l'impression du démesuré, et d'une pénétrante et orageuse monotonie. Et je ne peux m'empêcher de penser que c'est là la différence qu'il y a, dans le grand plan de l'art et en sa voie la plus évoluée, entre les romanciers français et les romanciers russes de la grande période du roman : les uns ayant le charme de la proportion et de la mesure, les autres, l'énormité.

Et voilà ce qu'il faut dire d'abord de la côte sud de la Crimée qui plonge dans la Mer Noire, si on la compare à la Côte d'Azur franco-italienne qui joint Saint-Raphaël à Gênes en passant par Cannes, Nice, Monte-Carlo, Menton et Bordighera : le paysage criméen est moins homogène, moins chargé en couleur, mais plus grandiose, plus sauvage, et plus vivant.

Dès que le train qui vous amène des Russie proprement dite et des Ukraine, sort de la nuit — à Simféropol, vers les quatre heures du matin — c'est un décor de désolation, montrant toute la contexture osseuse de la presqu'île. Des hauts et des bas, des ravins et des crêtes, du terrain mouvementé (et qui, pour un rien, comme l'année dernière à cette époque, par exemple, remue ainsi qu'un paysage de cinéma tragique), de la steppe pelée, ocreuse et grise, couleur de pierre et de poussière, mais semée par places d'oasis de verdure : dans des vallons et des creux, et en certains districts, au flanc des hauteurs, s'est logée de la terre, et il en sort des vergers, des jardins, des champs — et par masses ou individuellement — des arbres.

A Sébastopol j'ai passé du wagon dans l'automobile et après des montagnes aussi stériles que de gigantesques forteresses en ruines, des vallées s'ouvrent, boisées et profondes tout autour de moi.

Puis, il y a eu un coup extraordinaire qui déchira les images géantes au milieu desquelles on passait. Voici : on est sur un sommet et on franchit la trouée et le seuil qui donnent sur la mer, et c'est toute la face maritime du paysage qui vous est mise soudain dans les yeux, de cette porte — Baïdarskié Vorota — en haut de la façade sud de la Crimée. Du ruban de la route qui trône dans la hauteur et surplombe, de cette bordure vertigineuse, le regard entraîné à toute vitesse plonge sur les rocs, les arbres, les parcs, les palais, les grèves qui s'étagent à des centaines de mètres en contre-bas, et se déploient avec lenteur à cause des immenses proportions du panorama, jusqu'à l'infini bleu foncé de la mer frangée de blanc sur le bord.

Il n'y a pas dans notre Riviera occidentale, malgré la splendeur de certaines dégringolades des rochers rouges de l'Estérel dans l'azur méditerranéen, et les émouvantes transformations de la côte aux roches blanches comme le marbre, qui s'implante de Nice à Monte-Carlo

— il n'y a pas de débouché sur l'écran marin, qui ait cette envergure. Au reste, les montagnes en bordure de la Méditerranée ne dépassent guère trois à quatre cents mètres ; sur la façade criméenne, les escarpements du rivage montent deux fois plus haut.

Tout le long de la côte, ou plutôt : par-dessus toute la côte, Simiis, Aloupka, Yalta, Sououk-Sou, Alouchta, pendant plus de cent kilomètres de corniche où la voiture se précipite et plane horizontalement sur le gouffre d'azur et de verdure, on éprouve la même impression qui peut se résumer ainsi : l'étonnement de la grandeur.

La Mer Noire ressemble à la Méditerranée comme une sœur un peu plus sombre. La tradition qui lui a donné son nom l'a certainement fait par comparaison avec la Méditerranée, et elle ne s'est pas trompée : la Mer Noire est réellement noirâtre, par rapport à la brillante substance liquide qui baigne le sud de la France, la Sicile ou l'Algérie. En plein soleil, elle est presque aussi bleue (pas autant : l'œil garde le souvenir d'une nuance), mais dès qu'un nuage passe sur le soleil, elle s'ardoise très vite, et le soir la moire de reflets noirs et verdâtres, comme l'huile lourde de pétrole. On peut dire qu'il y a ici une ou deux doses de couleur noire délayée dans la couche de cobalt, d'outremer ou de bleu de Prusse qui est étalée sur la Méditerranée française et italienne. Pourtant ce sont — en dehors de ce détail — les mêmes douceurs et les mêmes beautés tropicales et heureuses du flot, les mêmes soieries pour les regards, et le même vif contraste avec les glauques jaunes et livides océans qui vont et viennent sur les autres contours de l'Europe.

Comparer les végétations des deux régions, c'est évoquer un joli poème botanique, comme aimaient en faire les préromantiques du XVIIIe siècle. En Crimée, dans ces districts verdoyants si nettement dessinés sur l'immense carcasse volcanique, il y a, par masses égales, des arbres qui se dépouillent l'hiver, et des arbres toujours verts : les pins, les sapins, les mélèzes, et surtout les cyprès. Les cyprès : cette dentelle noire à hautes pointes verticales qui court tantôt en ligne droite, tantôt en ligne sinueuse le long de la montagne grise, ce pullulement de statues obscures et effilées, en groupes, en alignements isolés ou doubles, en bataillons, plus multipliées que sur n'importe quel rivage italien, sont une des caractéristiques de la Crimée maritime. Mais les arbres de marbre noir qui prennent part à l'architecture des maisons, sont, ici, encadrés par des chênes, des acacias ou des noyers. Avec les cyprès, les peupliers alternent fraternellement : longues formes comparables entre elles pour leur silhouette, mais l'une d'un vert clair et l'autre vert noir, l'une transparente avec ses rares feuilles tremblantes et piquées de lumière, laissant voir tous les grands gestes des branches qui lèvent les bras au ciel, l'autre dense et épaisse comme une cagoule de moine ou un éteignoir majestueux.

Sur la Riviera française, il y a beaucoup moins d'arbres à feuilles caduques ; dans beaucoup de régions, il n'y en a pas du tout. C'est presque exclusivement une végétation africaine qui est plus verte en hiver qu'en été où elle est un peu desséchée : pins maritimes, eucalyptus, mimosas, myrtes, cactus, agaves, palmiers, lentisques, arbousiers — toutes plantes aromatiques, à feuilles charnues, à sang épais. A peine le figuier, dont la parure a besoin de renaître chaque été, y a-t-il sa place.

Donc, en Crimée, les plantes, grandes et petites, ne sont pas si exotiques. On y trouve la verdure tendre, douce et fragile, les feuilles légères et mortelles sur leurs branches, qui sont exclues de ce mince segment de climat africain empiétant sur le bas de la France. De plus, le pays méditerranéen est, aux abords de la mer, très pauvre en terre : une maigre pellicule, un tapis décousu de terre arable posé çà et là sur du roc, et d'une façon générale, un terrain de maquis. La Crimée a dans les rochers de ses rivages des réserves d'humus plus volumineuses. On y voit des arbres gigantesques en grand nombre, mêlés aux essences rares, que les seigneurs, les riches bourgeois, les opulents marchands, ont apportées jadis dans les parcs des villas qui sont maintenant maisons de repos : cèdres du Liban, araucarias, ou séquoias (à Artek, un cyprès des marais, arbre dont on compte sur le globe les spécimens par unités). Le temps, et le développement de la vie, ont fait à la longue, de ces parcs artificiels, une partie intégrante de la Crimée maritime.

Et pourtant, quoique moins exotique par son ornementation végétale que le rivage sud-est de la France qui se rattache organiquement au maquis de la Corse et au plancher terrestre de l'Afrique, la côte de Crimée a plus d'accent, plus de variété, plus de spontanéité éclatante et saisissante. D'ailleurs, elle est moins exploitée. La nôtre, en proie jusqu'aux moelles au cosmopolitisme de luxe, n'a pas un pouce carré qui ne soit occupé par de la pierre de taille, ou du béton, du plâtre, ou de la balustrade, ou du parc. En Crimée, les installations monstres de quelques gros personnages n'avaient pas ce caractère d'organisation systématique qui asservit tout le pays — habitants compris — au riche visiteur, et qui a fini par donner même aux rochers qui baignent chez nous dans la mer, des allures de devantures de rues. La campagne n'est plus ici, comme là-bas, en France, le pur et simple faubourg des villes d'eaux. Il y a en Crimée, même à portée de l'azur noircissant de la mer, de la paysannerie, et des villages ; des maisons turques faites comme celles d'autrefois, et sur les pentes, des hangars d'ancien modèle où sèchent, de haut en bas, des chapelets de feuilles de tabac. Il y a des paysans au teint basané et au bonnet d'astrakan (ou de simili astrakan), et quand ils portent des brochettes de feuilles de tabac, cela fait un bruit de feuilles de soie. On voit des femmes aux voiles de couleurs, qui de loin font, ensemble, des effets de bouquets (mais ces Tatares n'ont plus de voile sur la figure) ; et des mosquées, qui jouent un moindre rôle qu'avant, et des cimetières turcs où les stèles ont des têtes et même des coiffures de pierre, et dans l'abandon sacré où la nécropole musulmane doit rester, ces stèles finissent par être penchées dans tous les sens et par tituber — à cause des tremblements de terre. Sur la Côte d'Azur, il n'y a pas de paysannerie, les indigènes étant devenus par la force des choses, ou fournisseurs ou serviteurs des riches. Il y a du reste peu de villages : on ne rencontre guère sur son chemin que des villas, des palais ou des palaces, des restaurants, et des garages.

Comme dans cette Riviera française où d'ici quelques semaines, en m'exilant de l'U. R. S. S., je vais aller travailler, il y a surtout dans la zone maritime de la Crimée, une population flottante, attirée momentanément par les bienfaits du pays.

La conquête de la Crimée marqua, il y a cent quarante-cinq ans, la victoire définitive du Grand Russien de Saint-Pétersbourg sur le Tatare. De nulle région, l'empire des tsars ne fut si fier, et nulle n'excita autant les convoitises des grandes puissances. La haute société russe s'y déversa périodiquement. Il y a plus de cent ans que Pouchkine alla en Crimée. Il logea une quinzaine dans la maison du général Raievski dont il aimait la fille Marie. La maison est là, vide et mélancolique, sentant un peu l'abandon et vivant toute sur son passé en attendant une destination. A quelques pas de la mer qu'elle domine à peine, entourée de vieux arbres qui sont énormes et qui certainement, il y a cent ans, étaient déjà vivants, elle est aussi émouvante et aussi belle que la villa San Vigilio qui orne avec une grâce sacrée les bords du lac de Garde. Elle est symétrique, hautaine et triste, à la manière d'un mausolée, avec ses immenses cyprès, vastes comme des tours noires et des clochers de ténèbres, posés de part et d'autre du noble triangle classique de sa façade toute en vitres. Elle se repose des hommes, silencieuse et oisive, à un des bouts du parc de Gourzouf où onze sanatoriums magnifiques hébergent trois cents soldats de l'Armée Rouge.

C'est à peu près à l'époque de Pouchkine qu'eut lieu un exode sensationnel : la princesse Galitzine, la baronne Krudener, et la comtesse de Gachet vinrent du nord en bateau par le Volga, puis par le Don et la Mer Noire, et débarquèrent dans la région de Yalta. C'étaient trois dames très mystiques et tant soit peu illuminées, et la dernière n'était rien moins que cette Marie de la Mothe qui joua un rôle dans l'affaire pré-révolutionnaire du Collier de la Reine, sur lequel Alexandre Dumas a brodé une histoire peut-être moins vraie mais certainement plus amusante que l'histoire. Quelqu'un qui est très au courant des grands et des petits faits historiques, la camarade Solovieva (femme de celui qui a transformé Artek en colonie sanitaire pour les pionniers, en paradis d'enfants où passent mille enfants chaque année), la camarade Solovieva donne des précisions documentées sur l'état civil de cette mystérieuse voyageuse qui hanta vers 1820 les rives de la Crimée sous le nom de comtesse de Gachet, et elle indique même la petite maison exquise qui fut presque certainement sa retraite, au bord même du flot, entre le mont de l'Ours et le rocher de Gourzouf.

Depuis, une partie du pays passa des mains des aristocrates dans celles des gros marchands. Il y a encore dans le parc d'Artek, sortant de quelque cave encore non vidée, et s'envolant au vent, des étiquettes anciennes de bouteilles ornées de la firme de l'homme de poids qui, au temps du tsar, était propriétaire des vignobles, des bois, des maisons... et des hommes, d'alentour.

Maintenant la population flottante n'est plus faite que de travailleurs manuels ou intellectuels.

Nous entrons dans le plan des grandes différences marquées, entre la Crimée soviétique, et la région qui, dans l'Occident, lui correspond plus ou moins. A Cannes et à Nice, les hôtels et les maisons particulières sont peuplées de peu de Français et de beaucoup d'étrangers divers par l'origine, semblables par l'argent qui leur sort des mains ; sur le littoral de la Mer Noire, il y a seulement des citoyens de l'Union (et quelques citoyens de l'Internationale). Accentuons encore le contraste en disant : ici, il y a des travailleurs venus pour se reposer, et pas d'oisifs venus pour changer de distractions. On les distingue, ces deux espèces humaines, d'un bout à l'autre de la vieille moitié est de l'Europe, à leur allure, à leur tenue, non à leur type, parce qu'il n'y a pas de type physique du citoyen de l'Union. Je dirai même plus : s'il y a, à la rigueur, certains types spécifiques dans quelques populations de l'Union, par exemple : le type mongol, le type kirghiz, le type arménien (et encore, tous les individus qui font partie de ces populations n'en ont plus forcément le type : celui-ci s'est trop déformé et démonétisé à force d'usage et de croisements) — il n'y a pas, en tout cas, de type russe. L'existence dudit type, c'est un bruit que font courir les gens de l'étranger.

A vrai dire, les habitants indigènes des grands centres russes forment la collection la plus hétéroclite de physionomies qui soit. Il y a des Russes pur sang de toutes formes et de tous formats, et dont très peu peuvent se rapporter aux modèles plastiques consacrés du théâtre et de la légende : le boyard à moustaches, l'intellectuel hirsute et nihiliste, et le moujik à la figure faite entièrement en poils (le diplomate à favoris n'est plus qu'objet de musée ou d'opérette). Il vous faudrait errer longtemps dans les rues de Moscou, ou des grandes villes, ou des villages, pour retrouver quelques traits matériels de ces physionomies canoniques. De même il faudrait chercher longtemps parmi les ouvriers à casquettes qui se pressent le soir, le travail fini, sur le pont de Galata, pour trouver l'image classique, ou plutôt romantique, du Turc. Ici, comme partout ailleurs au monde, les caractéristiques des races ont à peu près disparu dans la mêlée formidable de la vie contemporaine. Ici comme partout ailleurs, les traits fondamentaux des races ne subsistent plus guère que dans les coiffures et les habillements.

Plus que partout ailleurs, un souffle a passé il y a douze ans qui a tout changé dans les milieux où nous sommes. Tant pis pour ceux qui ne s'en aperçoivent pas encore. Les générations actuelles de la Russie sont très visiblement prolétarisées. J'ai déjà dit cela, mais je le répète volontiers. S'il y a en Russie une race unifiée, ce n'est pas une race ethnique : c'est une race de lutteurs, de soldats du travail, qui peuple le pays, une race où s'est diffusé le sang ouvrier et paysan, et aussi, plus largement encore, l'esprit prolétarien : la clarté, l'énergie, l'équilibre, la vitalité, la santé physique du géant populaire. Avec des traits qui rappellent aussi volontiers ceux des Français, ou des Allemands, et même des Anglo-Saxons, que ceux des Slaves, les hommes et les femmes du pays des soviets donnent avant tout l'impression d'une espèce humaine nouvelle et jeune : toute la fraîcheur, toute la force, toute la fureur du commencement, une humanité en mobilisation. Les réalisateurs de la révolution prolétarienne sont, comme Napoléon le disait de lui-même, non des descendants, mais des ancêtres.

Et justement, j'ouvre une parenthèse ici pour dire qu'il y a bien, en effet, un « type russe », et que par une curieuse coïncidence, c'est en grande partie dans notre Côte d'Azur française que nous allons le découvrir sans avoir besoin de le chercher beaucoup : c'est le type aristocratique, qui brillait avant guerre à Pétersbourg, à Moscou, et à Cosmopolis. Ce type est joli, étrange et séduisant, et présente les raffinements de la décadence : des femmes félines, d'une beauté imposante et redoutable, « fatale », comme on disait jadis, des hommes à la grâce luxueuse et aiguë de barzoïs, avec, aux uns et aux autres, des yeux qui sont un peu des yeux de fous et — un physiologiste me le faisait remarquer — une certaine rondeur curieuse du crâne. On aperçoit ces prestigieuses créatures dans les milieux où ont reflué les Russes blancs : dans certains restaurants russes à la mode, parmi les chauffeurs de taxis de Paris où les anciens nobles et officiers tsaristes pullulent — et dans tout le service de balayage et de voirie de Cannes qui est composé de soldats et d'officiers impériaux et wrangéliens, — sans parler des salons grands-ducaux.

Au reste, la grande différence que je trouve entre la Crimée et la Côte d'Azur — ces deux régions qui, malgré tout, demeurent foncièrement de même espèce — ce sont les gens qui y viennent, c'est la marée montante et descendante des visiteurs qui les animent périodiquement.

Chez nous, c'est une foule mondaine ou mondanisée, aristocratique ou « petite aristocratique », qui vient se distraire, s'étourdir, et s'exposer aux yeux. En Crimée, c'est une foule de travailleurs qui vient pour reprendre des forces. Parmi les innombrables maisons de repos et sanatoriums de l'Union, ceux de la Crimée partagent avec ceux du Caucase le privilège du climat, d'un ciel qui reste d'une incandescente pureté pendant des mois entiers, et fait du printemps, de l'été et de l'automne, des fêtes féeriques de chaleur et de lumière. (Pour être juste, il faut reconnaître que, l'hiver, la Côte d'Azur marque un point, parce que la tiédeur et l'illumination atmosphérique n'y cessent pas durant les sombres mois, alors qu'il fait froid et qu'il neige en Crimée. Évidemment, la Crimée, comme nous l'avons vu d'un coup d'œil, par sa flore, n'est pas d'une nature et d'un tempérament tropical ; les cigales n'y chantent pas de juillet à octobre. C'est un coin de nature tempérée qui bénéficie pendant les trois quarts de l'année d'un extraordinaire coup de soleil.)

Les camarades soviétiques comprennent vraiment les vacances. Ils les rationalisent. Le mois de repos joue dans la destinée de chacun non pas un rôle anecdotique, mais un rôle organique. On s'adonne au repos comme à un sport, et c'est vraiment un sport dont on prend violemment l'habitude. Moi qui n'avais jamais eu de vacances depuis de multiples années, j'y ai pris goût, ici. On finit par éprouver le besoin de marcher, de manger, de toucher du soleil, d'être manié par l'air substantiel de la mer, et massé par la brise. C'est une propreté approfondie à laquelle on s'adonne. Ce repos vaut le travail, parce qu'il le prépare. Après un pareil régime, on peut travailler onze heures d'affilée comme les camarades responsables savent le faire.

Au demeurant, les toutes nouvelles théories qu'on m'a exposées à Moscou, considérant le repos comme facteur direct du travail, prétendent doser avec plus de rigueur les juxtapositions de non-travail et de travail, de façon à obtenir un rendement plus grand : La grosse besogne en bloc, sans autre méthode qu'une sorte d'emballement, est le fait de la vieille garde. Les jeunes entendent agir plus rationnellement. Ils n'ont point tort, et seront plus forts.

Arrivé ici, on change soudain d'habitudes, en attendant qu'on change de peau (ce qui n'est pas long). Le vaste paysage vertigineux et dynamique de Crimée, avec ses gouffres de verdure, ses oasis aux maisons blanches et aux colonnades d'arbres noirs, se peuplent au soleil de torses de terre cuite et d'épaules de caoutchouc rouge. Le bain solaire peint les corps d'une première impression d'ocre jaune, ensuite y passe une couche de teinture d'iode. Sur les bancs, entre les arbres, le long des plages, des chairs debout, assises ou couchées, rappellent les nus rebondis et carminés jusqu'au violacé, de la deuxième manière de Renoir. Du reste, des structures superbes, et quelques-unes athlétiques, que celles de ces corps que le resplendissant soleil dont on recueille pieusement sur son épiderme la salutaire averse, fait passer en un mois, de la race blanche à la race noire, en passant par la jaune et la rouge.

Santé, simplicité, loyauté, tenue. De la joie, et pourtant du sérieux dans ce traitement qu'on suit pour abattre davantage de besogne lorsqu'on rentrera. C'est un devoir qu'accomplissent patiemment et gravement ces hommes et ces femmes qui, peu à peu, à force de rayons, dorent et cuivrent leur blanche chair de citadins, comme un fumeur « culotte » avec amour une délicate pipe d'écume de mer. Au reste, une organisation méthodique et rigoureuse contrôle et dirige ces utiles débats.

Pas d'arrière-pensées, pas de libertinage. On est bien loin ici des machinations sexuelles, du dévergondage hypocrite qui sévit dans nos grandes stations climatériques et balnéaires d'Europe, dans ce camp de concentration du snobisme qu'est l'opulente Deauville et même dans les gracieux arrangements, nets et tirés au cordeau, avec des damiers de couleurs vives, des plages anglaises ou des plages allemandes de la Mer du Nord ou de la Baltique — pour ne pas parler des New-Jersey et des Los Angeles, et pour ne pas parler non plus de la Côte d'Azur !

Le ciel de Crimée est, dans la géographie sociale et morale, l'antipode de cette atmosphère équivoque et cosmopolite où l'étranger est à la fois le rastaquouère et l'animal de luxe à exploiter ; où les casinos ne sont que gigantesques pièges, vers lesquels le client riche est rabattu, d'abord par le snobisme, ensuite par la publicité du mercantilisme de l'élégance, et enfin par des agents ou des agentes, subtils et caressants.

Sans doute, la Crimée n'est pas seulement une station de repos. Elle a toute sa vie économique propre, avec les deux maîtresses cultures de la vigne et du tabac. Nous reparlerons de cette autre face de l'attirant pays, et des ressources agricoles et industrielles que la nature a dispensées ou préparées à cette presqu'île qui est de la taille de la Belgique.

Sans doute, la nature en a fait — à longs intervalles, il est vrai, le théâtre d'accidents sismiques dramatiques, et elle l'a surtout désavantagée au point de vue de la fourniture d'eau douce. Le problème de l'irrigation se pose en Crimée comme du reste dans la Transcaucasie et dans le Turkestan. Bien d'autres problèmes se posent ici, que l'État Ouvrier et Paysan, et les organisations locales ont déjà commencé à affronter, ou se mettent en devoir d'affronter.

## II

J'ai quitté la Crimée. Une dernière fois, j'ai passé au large de Yalta qui la nuit, semble, comme Nice ou comme Naples, un interminable collier de lumières sur la grandeur bleutée des espaces. Le lendemain matin, c'est une côte désertique et ensoleillée qui m'étreint largement. La région des oasis est interrompue. Voyage plein de sérénité et même, de majesté. Il fait beau temps, mais, de plus, le « Tobolsk » est d'une stabilité si ferme qu'on ne sait jamais, lorsqu'on est dedans, s'il est en marche ou s'il est arrêté, et qu'il faut regarder le paysage pour constater que celui-ci glisse de chaque côté du bateau immobile.

Donc, dans la splendeur appuyée des derniers beaux jours, par-dessus les flots de la mer qui étalent au soleil des monticules couleur vert vif et des monticules d'argent, à travers l'allée et venue des nuages à gros points blancs que font les oiseaux, c'est Féodocia. C'est Novorossisk, grand port sévère de la couleur du ciment, faisceau de lignes d'horizon pleines de docks, d'entrepôts, de môles, de quadrilatères à cheminées, et de monuments publics décorés par les belles taches rouges : de grosses étoiles et des banderoles, à l'occasion de quelque cérémonie... Nous sommes aussi loin de Moscou que Moscou l'est de Paris. Mais ce n'est déjà plus la Crimée...

En entrant dans les eaux orientales de la Mer Noire, vers ces paradis terrestres de Sotchi, de Gagri et de Soukhoum au verdoiement éternel, ma pensée revient à la Crimée et s'y attache.

Je ne l'ai examinée dans le précédent chapitre qu'avec l'œil du touriste. Maintenant, je veux lui décerner un hommage pratique et ajuster, comme un ouvrier consciencieux, un peu de documentation solide par-dessous ces impressions.

Voici donc la presqu'île à trois pans de Crimée, qui semble le couvercle de la Mer d'Azov, ouvert à côté de cette mer. La Crimée a 25.800 kilomètres carrés : à peu près les dimensions de la Sicile, ou du Péloponèse, ou du Jutland danois. 705.000 habitants, dont 500.000 sont Tatares. Le reste : Grecs, Russes et divers. A peu près autant de citadins (321.000) que de villageois (383.000).

Ce prestigieux triangle criméen, objet des convoitises des grands impérialismes (qui ont tous éperdument vu passer Sébastopol dans leurs rêves), a été pris à Wrangel par les bolchéviks en un seul jour — le 14 novembre 1920. Wrangel ne put emporter dans ses bateaux, en plus de sa précieuse personne — qui devait traîner sept ans l'exil — que de l'argent et des bijoux volés (il était très amateur d'objets de valeur et de rondelles d'or et d'argent, et on a lu dans un journal bourgeois une interview de lui dans laquelle il proclamait que le grand idéal de sa vie était de s'attribuer des sommes d'argent considérables que l'émigration blanche officielle avait emportées de Russie).

Dès 1921, à mesure qu'elle oublie Wrangel, la Crimée s'organise, et je renvoie ceux qui voudraient avoir à ce sujet une documentation complète et détaillée, aux comptes rendus des conférences que le Comité Exécutif a élaborées au mois de mai de l'année dernière sur la situation économique du pays... Le revenu actuel de la Crimée est de 35 millions de roubles : chiffre de 1927. Sur ces 35 millions, 17 millions ont été utilisés dans le budget local, et 18 millions versés au budget de l'Union et de R. S. F. S. R. (Russie proprement dite.) Et sur ces 18 millions, 10 sont revenus en Crimée (établissements sanitaires et d'enseignement, et subventions à l'industrie d'intérêt national). Les dépenses affectées dans le budget aux salaires des dirigeants, à certaines administrations, au Comité Central, vont en diminuant. Les dépenses sociales (éducation, santé, pensions), et les crédits destinés à l'industrie et aux travaux publics, sont au contraire en accroissement.

De par ses richesses naturelles : exposition solaire, climat, la Crimée est destinée en premier lieu, pourrait-on dire, à l'industrie sanitaire.

La vertu guérissante de la Crimée, on l'exploitait déjà sous le tsarisme. C'étaient seulement les privilégiés de la fortune et de la naissance, qui s'y taillaient des fiefs où ils construisaient des châteaux et des villas somptueuses. A cette époque pourtant, des établissements sanitaires existaient pour le personnel d'un petit nombre de firmes industrielles, et existaient aussi quelques sanatoriums publics, mais dont le tarif de séjour était bien au-dessus des ressources des travailleurs. Ceux-ci étaient par le fait, totalement exclus de ce traitement aristocratique. Aujourd'hui, l'exploitation méthodique des régions saines et chaudes de l'Union, pour la guérison et le repos des travailleurs — organisation générale à laquelle rien, à l'étranger, ne peut se comparer — constitue un des spectacles les plus caractéristiques et les plus nobles de la Russie nouvelle. Chaque sanatorium ou maison de repos a ses hôtes spéciaux : il y a ceux du gouvernement, du Comité Exécutif Central, des savants, des artistes, des paysans, des syndicats, etc.

Les maisons où l'on se repose et où l'on se guérit s'étendent sur un ruban de territoire qui longe le rivage méridional de la presqu'île. Cette bande mirifique de frondaisons, de rochers, de baies enchantées, de palais blancs baignant dans le bleu sombre, jouit d'une température de trois à quatre degrés plus élevée que le reste de la Crimée (qu'on peut dénommer la Crimée du nord). C'est un brusque souffle de tiédeur qu'on reçoit à la figure, en même temps qu'un panorama prodigieux tout entier déployé, quand on débouche de l'intérieur du pays sur la Crimée maritime par la porte de Baidarskié.

La vieille terre criméenne, pleine de résonance turque, a agrandi depuis des siècles la part de l'agriculture. On arrive actuellement aux normes d'avant-guerre, qu'on dépasse sur plusieurs points. Dans la Crimée du sud, indépendamment de la culture du repos et de la santé, on s'occupe surtout de raisin et de tabac. L'immense rivage bombé et les vallées environnantes se bariolent de grands placages de vignes, vertes en été, dorées et rousses en automne, se pointillent de champs de tabac et se couvrent de hangars à compartiments où des guirlandes de feuilles de tabac deviennent blondes en vieillissant. Ces cultures sont surtout entre les mains des paysans tatares et des paysans grecs.

Le blé apparaît à quelque distance des côtes : grandes et belles exploitations allemandes, israélites et tatares, 665.000 hectares de blé. Pour tous les divers produits agricoles, la surface actuellement ensemencée, est de 98 % de celle d'avant-guerre.

S'il y a en Crimée 80.000 chevaux et 20.000 cochons de moins qu'avant la révolution, il y a, par contre, de plus qu'alors,

65.000 bêtes à cornes et 100.000 moutons et chèvres. Le Plan de Cinq Ans a décidé que toutes mesures seraient prises pour qu'en 1932, le nombre des chevaux soit augmenté de la moitié et celui des cochons du double.

L'agriculture de Crimée est culture d'État dans la proportion de 5,4 %, culture collective pour 5 %, culture privée pour 89,6 %. Il y a aujourd'hui 49 centres agronomiques, 500 terrains d'expérience, 38 haras, 24 centres de location de machines, et 35 pour les semences. Tous ces établissements et organisations seront multipliés au cours des cinq ans qui viennent. Le rendement de la terre, qui, grâce à la sélection des semences, aux engrais minéraux, à l'emploi des machines, est actuellement en progression sur la production passée, d'un tiers pour le froment, d'un cinquième pour l'avoine, et des deux tiers pour le maïs — ce rendement subira une augmentation telle que le blé par exemple, donnera 11,4 quintaux par hectare et que la récolte de blé vaudra 56 millions et demi de roubles. La partie marchande de toute la production agricole de la Crimée doit être en 1932, de 64 % de l'ensemble. Cette production totale aura alors augmenté de 95 % et la valeur qu'elle atteindra sera de 85 millions de roubles.

L'agriculture et l'industrie sont greffées l'une sur l'autre, et toutes deux basées sur la force motrice, selon le principe soviétique de l'économie dynamique. En Crimée, l'électro-énergie est par tête de 19 kw.-h. ; ce chiffre doit passer en 1932, à 54. Les usines travaillant à l'aide du courant passeront de 48 à 66, et l'énergie qu'elles utilisent quadruplera.

L'industrie métallurgique est installée dans la ville de Kertchi dont les alentours souterrains sont riches en minerai de fer. Là comme ailleurs, les grandes fabriques étaient ruinées pendant la révolution ; depuis, tous les ans, un ou deux hauts fourneaux nouveaux surgissent de terre. C'est 54 millions de tonnes que fournit le rayon de Kertchi. On récolte également 400.000 tonnes de soufre dans les environs de ce même Kertchi. Le Gosplan et l'Académie des Sciences sont d'accord pour certifier qu'il y a là une provision de soufre qu'on n'arrivera à épuiser qu'au bout d'un siècle. Autres produits naturels : pierre à bâtir, argile, plâtre, chaux, asphalte, sel.

L'industrie et le commerce criméens ont beaucoup à faire avec le ciment bien que la Crimée ne produise pas de ciment ; mais tout près, à Novorossisk, on recueille une pierre de ciment comparable à celle de Boulogne et on débite par an 16 millions de bochkas de ce produit de premier ordre.

20.000 ouvriers en Crimée, m'a assuré un directeur d'entreprise. De toute façon, dans cinq ans, le nombre des ouvriers aura augmenté de 69 % et le capital de base des exploitations, de 168 %. Sous le tsarisme, l'industrie privée qui sévissait exclusivement en Crimée, conduisait par le licou de 2 à 3.000 ouvriers au plus. La participation des exploitations privées dans l'ensemble, était en 1927, de 24 %. Elle sera en 1932, de 12 %, et sera totalement annulée en ce qui concerne la grande industrie.

La Crimée contient du charbon. On en est encore à la période des sondages et des prospections des houillères.

En 1927, les industries chimiques d'État atteignaient une production de 993.000 roubles, les tanneries d'État, 2.529.000 roubles, les conserves 3.856.000, les moulins à farine 7.358.000. Ces chiffres doivent être à peu près doublés, et, pour les conserves, triplés, en 1932 (la production de la métallurgie d'État criméenne atteindra alors 26 millions et demi) par suite de l'investissement d'un capital d'exploitation de 108 millions de roubles.

Les trusts de vins font de grosses affaires

en Crimée. Lors de son récent séjour dans la presqu'île, Maxime Gorki mettait en fait que très peu de personnes se rendaient compte de l'importance prise par la vente du vin de Crimée à l'extérieur (500.000 védros, nous assurait-il). Les trusts du vin qui organisent l'exportation font environ 4 millions de roubles de recettes annuelles.

La question des transports a été déplorablement laissée dans l'ombre pendant la période des tsars : les historiens jurent leurs grands dieux que Nicolas I^er^ avait un tas de projets concernant des écheveaux de routes et de voies de communication, mais pour des raisons qu'on ignore, il n'en a fait exécuter aucun.

La longueur totale des chemins de fer de Crimée est actuellement de 570 kilomètres — ce qui est tout à fait insuffisant en présence des tumultueuses exigences de l'industrie et de la calme extension du réseau des sanatoriums et maisons de repos. Or le Plan de Cinq Ans nous parle, sur ce thème, d'une façon précise et pratique : Sébastopol et Yalta seront reliées par une ligne de tramways, Yalta sera jointe à Simféropol par le chemin de fer (les plans de ce travail sont terminés et l'exécution en va commencer ; elle coûtera 20 millions de roubles). D'autres lignes — 230 kilomètres en tout — porteront la longueur des voies ferrées criméennes à 800 kilomètres.

Déjà la sixième partie des routes de Crimée est goudronnée, et la route de Sébastopol à Alouchta n'a rien à envier pour la largeur et le bon entretien, à la fameuse Corniche d'Or qui longe la Méditerranée. Les routes de Crimée seront entièrement goudronnées d'ici trois ans, tout au moins les 644 kilomètres de chaussée d'État. Il ne faut pas oublier de mentionner — et de célébrer — le quai en ciment armé (60.000 roubles) qui s'étend devant la large ville de Yalta. Indépendamment des routes neuves (comme celle qui unira Sébastopol à Simféropol par 70 kilomètres), partout on rallonge et on perfectionne les voies de communication. Cent mille roubles ont été dépensés pour les routes du rayon de Yalta et 450.000 pour l'ensemble des routes de Crimée. On s'est mis au travail (12 millions de roubles) pour augmenter le nombre des chaussées d'État de la moitié, des chemins communaux du double.

Le trafic par la Mer Noire, qui était tout à réorganiser, s'éveille assez activement. Il ne se passe guère de jours où toutes les escales, d'Odessa à Batoum ne reçoivent la visite d'un bateau à vapeur porteur de passagers et de marchandises. Quatre bateaux neufs à Odessa : 2 Odessa-Batoum, 2 Simiis-Yalta.

Le problème de l'irrigation a un intérêt majeur pour le développement du pays. Celui-ci manque d'eau pendant l'été. Deux exemples donneront une idée de cette pénurie : le débit de l'Aiana varie de 0 mc. 023 à 18 mc., et celui d'un autre cours d'eau, la Skélia, oscille entre 0,025 et 26 ! Tous les ans, 150 à 200.000 roubles sont consacrés au captage des eaux, à la fabrication de bassins en ciment armé et de canalisations.

Le Plan de Cinq Ans, dans ses prévisions impératives, envisage l'aménagement nouveau des villes de Yalta et de Sébastopol et l'amélioration des cinq ports criméens : Féodocia, Kertchi, Evpatorisk, Sébastopol, Yalta. 80.000 roubles seront dépensés cette année rien que pour les plans.

L'histoire de la Crimée s'est enrichie l'année dernière, d'une page terrible : le tremblement de terre. Pendant trois mois, à partir de septembre et presque sans interruption, on a vu la terre qui, selon l'expression pittoresque que m'a confiée un paysan, se balançait comme un berceau. Les arbres, les grandes et les petites maisons se balançaient aussi comme des embarcations sur la mer. Les petites maisons dégringolaient et leurs débris blanchissaient les jardins et les chemins, les grandes maisons se fendaient du haut en bas, les rochers se détachaient des montagnes. A un moment, brusquement, la mer se retira, mettant en évidence, tout nus sur une plaine, des gens qui s'y baignaient. Rien ne peut rendre l'épouvante de cette oscillation du sol qui dura près de cent jours, déchirant des régions entières et des villages de pierres et de bois. Tous ceux qui ont assisté au cataclysme en ont gardé la hantise, et comme l'affolement, et presque partout encore, surtout à la place des vieilles maisons et des plus humbles bâtisses, les traces béantes et dissymétriques du monstrueux fléau vous frappent les yeux. Et pourtant presque tout a déjà été reconstruit, refait, réparé, remplacé. Les dégâts matériels peuvent être évalués à 30 millions de roubles. Moscou a donné en 1927 sept millions de roubles. Cette année-ci sa donation s'élèvera à quatre millions environ. Ces sommes sont spécialement consacrées au travail de reconstruction des habitations. On les fait de préférence en ciment armé qui résiste mieux que la pierre aux coups d'épaule terrestres. Deux cent cinquante maisons neuves ont été édifiées pour 250 familles de paysans pauvres. Ces maisons ont deux pièces et un couloir. A l'heure qu'il est on peut dire que 50 % des dommages matériels ont été réparés. Indépendamment des 7 millions du gouvernement de l'U. R. S. S. il y a eu pour les travaux d'intérêt public, et spécialement pour la réédification des maisons de repos, un débours de 10 à 11 millions de roubles : 120.000 roubles pour Sououk Sou, 25.000 pour Moukhalatka, 50.000 pour Livadia, 200.000 pour Dulberg, l'ancienne propriété du frère du tsar. Les dépenses considérables qu'a entraînées le formidable imprévu du tremblement de terre ont obligé à restreindre légèrement cette année le nombre des personnes traitées dans les maisons de repos et les sanatoriums de Crimée : A Yalta et dans les environs, 350.000 malades ou affaiblis, ont passé, contre 400.000 l'année dernière. Pourtant le développement de l'immense réseau sanitaire de Crimée a continué méthodiquement cette année comme les autres. A Yalta, on a édifié une polyclinique d'un type particulièrement perfectionné (il n'existe dans l'Union Soviétique que deux maisons de cette espèce). L'établissement fonctionnera même pendant tout l'hiver et aura 300 places. 200.000 roubles lui sont consacrés.

J'ai parlé déjà ici d'Artek, paradis des petits

pionniers affaiblis. A Simiis, grand sanatorium d'État. Dans la région, sanatorium d'Ukraine. A Moukhalatka, sanatorium des membres du gouvernement. A Alouchta, maison de repos de l'Union des Syndicats : 4.000 places. Alouchta a six kilomètres de plage. A Evpatorisk, un institut de bains de boue (ce bâtiment, tout neuf, coûte un million de roubles). On a commencé une polyclinique, et aussi un sanatorium pour la tuberculose, à Dalazi (six kilomètres de Yalta, sur la hauteur : deux millions et demi de roubles), depuis quinze ans la station était en observation. Les bâtiments ont été finis en juin. 150 places, et chaque malade a sa chambre ; solariums, etc... Et cette année on construit encore pour un million et demi de petits pavillons. Cet établissement a été financé par la Caisse d'Assurance, qui a en Crimée six sanatoriums et maisons de repos.

Il y a en Crimée des maisons de repos d'État payantes : 130 à 150 roubles par mois.

Dans cette Crimée dont la population s'est accrue depuis la révolution, l'ouvrier est en général et relativement au reste de l'Union assez bien rétribué. Un des ingénieurs qui s'occupent le plus activement de la reconstruction industrielle de la Crimée, m'a assuré qu'actuellement dans le midi, les ouvriers du bâtiment gagnent de 5 à 6 roubles par jour, quelquefois 8. (Le rouble vaut 13 francs.). Dans la métallurgie, les apprentis gagnent de 40 à 50 roubles par mois, les travailleurs moyens de 70 à 80, les ouvriers qualifiés de 150 à 200. Pour toute la Crimée, les salaires moyens mensuels sont dans la grande industrie, 65 ; dans la petite industrie, 58 ; dans les établissements de commerce, 67 ; dans le bâtiment, 73 ; dans les transports, 50 ; dans l'agriculture, 36 ; chez les travailleurs de l'enseignement et les artistes, 58 ; chez ceux des établissements sanitaires, 45 ; chez les cheminots et les travailleurs des postes, 64.

Un des objectifs du Plan de Cinq Ans est de faire augmenter de 20 % le salaire moyen. Et si l'on tient compte de la diminution des prix de la consommation, l'augmentation sera de 46 %.

Pour la protection du travail, on dépense 452.000 roubles, et une extension énergique va être donnée au mouvement coopératif qui est un peu stagnant.

Onze écoles neuves. L'instruction est donnée en langue tatare, grecque et russe. Ceux qui passent aujourd'hui dans les villes et les villages de Crimée peuvent se rendre compte des progrès réalisés par la diffusion de l'alphabet latin pour la langue turque. Cette ingénieuse intervention de l'écriture latine permet, m'a-t-on assuré, d'apprendre le turc en trois ans.

L'atmosphère politique ? Avant la guerre, il y avait en Crimée un petit cadre communiste. Durant la sinistre intrusion de Wrangel, ce petit cadre s'est renforcé et s'est agrandi. D'irréductibles révolutionnaires tenaient la montagne et harcelaient Wrangel qui ne pouvait que recevoir des coups de ces francs-tireurs sans leur en donner. Après la grande famine si meurtrière qui sévit en 1921, l'aide de Moscou se fit chaleureusement sentir aux malheureux habitants de la Crimée. La plupart considèrent aujourd'hui que la soviétisation est dans le sens du noble intérêt de leur pays. Chez les Tatares il y a 5 % de communistes dans les villes, 2 % chez les paysans. On compte sept femmes présidant des Comités de villages tatares. Dans les petites maisons turques où les deux chambres — la chambre de réception et la chambre d'habitation — n'ont guère d'autres meubles que des tapis, les mœurs nouvelles commencent à remplacer les vieilles, avec la triomphante assurance de la jeunesse qui grandit. Quelques anciens conservent encore sous leur bonnet d'astrakan des restes tenaces de superstition religieuse. Mais cela s'efface par la force des choses, comme tous les cauchemars s'effacent dans le plein jour. Le tremblement de terre a cassé pas mal de mosquées. Or, elles restent détruites, l'État ne donnant pas d'argent pour y loger à nouveau le culte périmé. Cela est bien conforme à la fatalité historique : c'est ainsi que peu à peu les masses humaines, bon gré mal gré, reprennent, sur toute la ligne, leur vrai chemin.

Voilà mon coup d'œil sur la belle et vivante Crimée. Je lui dois beaucoup parce qu'elle m'a rendu la santé, et aussi parce que j'ai admiré et aimé passionnément ses puissants paysages dressés entre la mer et le soleil. Mais il me semble que je manquerais de respect à n'importe quelle région de l'Union Soviétique, si je n'évoquais pas, en même temps que ses reflets et ses lumières, les données précises qui en font le théâtre d'un renouvellement social unique dans l'histoire, et si je négligeais les triomphantes statistiques, lorsque je veux en parler aux ouvriers, et aux intellectuels révolutionnaires d'occident.

## VIII

### DANS LES DÉCORS DU PARADIS TERRESTRE

Je suis parti de l'Abkhasie, comme on sort d'un rêve. Au mois de janvier, la neigeuse Odessa où je suis venu, s'étend, magistrale et glacée, dans ses magnifiques lignes maritimes et urbaines. Là-bas, c'était le resplendissement du ciel et sa brûlure. Le bateau *Ilich* qui m'a amené de Gagri à Odessa, m'a amené de l'été à l'hiver, en trois jours.

La Crimée est lumineuse et sèche, froide l'hiver. L'Abkhasie est lumineuse et humide, et, même inondée par les pluies, elle est tiède l'hiver. C'est une terre plantureuse et savoureuse, épaisse et noire, où la végétation tropicale prospère plus luxueusement que dans les régions tropicales. On dirait un jardin botanique posé sur le bord de montagnes splendides (Inoubliables spectacles de gorges, et de monuments rocheux vastes comme des nuages!). La route de Soukhoum à Téberda peut rivaliser avec l'illustre et admirable route militaire qui franchit la chaîne du Caucase, au milieu, de Vladikavkas à Tiflis. C'est à vrai dire, un rivage supra-européen et presque surnaturel. La nature semble avoir posé sur les talus orientaux de la Mer Noire quelque immense verrière surchauffante de serre. Dans ces terres qui prennent pendant la saison des pluies d'immenses bains tièdes, et sur lesquelles le soleil d'été promène ensuite, comme un projecteur, son rayon implacable, tous les arbres exotiques s'en donnent à cœur joie, et ils brassent superbement l'espace. On voit des bananiers dont les longues palettes vertes et courbes sont plus larges que les épaules d'un homme et ont une épine dorsale plus forte. Ces bananiers fleurissent : voici pendre leur étrange fleur viscérale soutenue par une sorte de ressort à boudin végétal, et même, voici des régimes de fruits, mort-nés il est vrai. On voit des palmiers phénix — les palmiers classiques — aux troncs larges et hauts (il en est d'aussi corpulents que les colonnes où, dans nos villes, s'affichent les spectacles de théâtre), et surmontés par un bouquet d'éventails à pointes. A côté, les palmiers-chameaux dont le tronc, écaillé de moignons, est recouvert d'une rude fourrure. (Avant de savoir qu'on les appelait des chameaux, je les appelais des ours.) A côté, dans les parcs ou le long des routes, les dracénas érigent leur faisceau divergent de tiges minces, balançant chacune un bouquet hérissé. Ce sont ces palmiers-là qui donnent au maximum un effet d'orientalisme romantique et on ne peut guère s'empêcher d'évoquer, à côté d'eux, un bout de désert, un bédouin, et un minaret.

A Soukhoum, je suis entré dans un bois de palmiers : une épaisse pénombre tombait de ces grandes découpures vertes que nous avons l'habitude de voir, individuellement, dans les serres ou dans les bacs d'appartements. Et en sortant de ce bois je me suis engagé dans une allée de ricins géants où on aurait pu tourner un film de *l'Oncle Tom* ou de *Paul et Virginie*.

Aujourd'hui, je pense à ces impressions du mois dernier, en parcourant les grandes dalles rectilignes du port d'Odessa doublées d'un blanc molleton de neige et où le vent vous jette à la figure le froid de dix degrés au-dessous de zéro. Je pense aux peupliers de Gagri. Ils sont phénoménaux. Sur le rivage, à quelques pas du débarcadère, il en est une rangée, monstrueuses colonnes à écorce, sortes de clochers de bois que quatre ou cinq hommes n'embrasseraient pas à la base, et qui montent à plus de quarante mètres de haut.

Je pense aussi aux chênes qui sont les voisins des vieilles tours de Novi Afon. Ils ont bousculé, troué, et pétri les murailles séculaires, ils en tiennent dans leurs racines ainsi que dans des tentacules, des pierres encore sculptées qui, telles que des épitaphes de vivants, disent leur âge, à eux. Il y a toute une série de ces formidables géants sur la crête boisée, entre les deux tours écroulées qui sont les têtes de la montagne. Ailleurs, des chênes-lièges gonflent leurs carapaces de pachydermes jusqu'à une énormité tout à fait exceptionnelle dans cette famille d'arbres.

On a transplanté à Soukhoum des pousses d'origines géographiques diverses, d'une même plante, et on a constaté que ces plants ont beaucoup plus de vitalité et de force d'expansion dans la terre de Soukhoum, qu'en Sicile, en Algérie ou à Madère. Dans un des parcs où m'a guidé le camarade Smidovitch (du présidium du Comité Central de l'U. R. S. S.) qui passe ses vacances là-bas, se dressent des eucalyptus qui, en trente ans, atteignent le développement où ils ne parviennent qu'en cinquante ans dans l'Australie, leur pays d'origine.

On fait toutes sortes d'essais parmi cette végétation féerique : des plantes à parfums, des palmiers textiles, des mimosas dont l'écorce fournit le tannin, produit pour lequel l'U. R. S. S. est jusqu'ici tributaire de l'étranger. Même, on a cultivé — à titre d'information — une plante qui donne un fort beau fruit rouge, et on a dû constater que cette plante ne pouvait servir absolument à rien. Elle n'est pas comestible même pour les animaux, elle n'est pas odorante, ni oléagineuse. Son fruit qui est fort joli (on dirait une éclatante tomate parfaitement sphérique et d'un pur écarlate) ne peut même pas servir pour l'ornementation à cause de sa fragilité. On est désormais fixé, et on n'en cultivera plus. L'arbre à melon (le carica) donnera-t-il mieux ? On ne sait encore, car les simili-melons qui poussent sur ses grosses branches, ne mûriront pour la première fois que dans quelques mois. Au point de vue du bois d'ameublement, on élève l'if (qu'on appelle le bois rouge), et le *chunchit* dont on fait des cannes lourdes et dures et des petites cuillères utilisées par les paysans pour se servir chacun au plat central : la même cuillère subvient sans s'user à l'alimentation de plusieurs générations.

Tels sont quelques-uns des avantages concrets qui résultent d'une température annuelle oscillant de 15 degrés en hiver à 40 degrés en été. Les paysans vous diront de plus qu'en Abkhasie, les poules pondent toute l'année... Pour ces différentes raisons, et d'autres encore, l'Abkhasie a été appelée Absn, c'est-à-dire Paradis, par ses habitants.

Je garde dans mes yeux, inoubliablement, le triple épanouissement des trois baies successives, de Gagri, de Novi Afon, et de Soukhoum. J'ai déjà dit en parlant de ces régions : le plus beau pays du monde. Je ne crains pas de répéter cette audacieuse, sommaire, et un peu puérile, affirmation.

Gagri fut le fief du prince d'Oldenbourg, oncle du tsar Nicolas II. J'ai lu autrefois que ce grand personnage acquit là pour quelques milliers de roubles un domaine qui valait des millions, et cela fit scandale même au temps du tsar. Pour être juste, il faut ajouter que le prince d'Oldenbourg dépensa dix-huit millions de roubles pour aménager en parc, planté d'essences rares et prestigieuses tout le fond de la baie qui descend vers la mer en pentes montagneuses. Mais il est encore plus juste d'ajouter que les ouvriers qu'il employa à cet immense travail n'étaient pas payés et ne gagnaient que leur nourriture : c'était à une époque de famine, et le prince exploita ingénieusement cette catastrophe.

Il n'y a plus de prince à Gagri. Il n'y a plus que sa voiture : une sorte de grande diligence peinte en jaune et en bleu qu'on a conservée comme une relique vide, un peu ridicule, sur la plate-forme tournante où elle évoluait jadis despotiquement. Il n'y a plus de prince, mais il y a le parc princier qu'on longe pendant plusieurs kilomètres au bord de la mer à la suite du vieux Gagri : peupliers et platanes, palmiers et cyprès, saules pleureurs et magnolias. Il y a aussi les vastes bâtiments que l'encombrante présence de ce potentat rendait nécessaires pour loger sa suite, ses gens, ses chambellans et ses intendants. Ce groupe de bâtiments qui constitue une sorte de caravansérail démesuré, et comme une ville de luxe, n'est pas toujours du meilleur goût (fâcheuses traces de style « moderne », et contourné de 1907). Mais dans leur ensemble, ces constructions ont de l'ampleur et de la majesté — même, à la rigueur, ce bâtiment de bois un peu trop découpé que Son Altesse fit venir tout entier de la foire de Nijni-Novgorod.

Après le parc, la courbe du rivage se dirigeant vers le nouveau Gagri est d'une grâce féerique. Elle est bordée de palmiers qui se découpent sur le ciel bleu, et aussi de cyprès, et de toutes espèces d'arbres que parfois recouvrent et rhabillent de pied en cap, des plantes grimpantes. On croirait voir un rivage ensoleillé de Tunisie ou de Sicile, si les passants, à pied et à cheval, ne désignaient par leurs silhouettes le lieu de la terre où l'on se trouve. Les cavaliers sont particulièrement prestigieux. Ce sont parfois des soldats, mais presque toujours des paysans. Ceux-là sont vêtus de la bourka de feutre noir et poilu qui, immense, recouvre aussi la croupe du cheval et dont les épaules amples et rigides élargissent majestueusement la structure de l'homme qui est enfermé dedans. Ils portent le turban de lainage gris ou brun dont les pans tombent de côté ou bien saillent en ailes de droite et de gauche de la tête. D'autres portent le bonnet d'astrakan bas et évasé. On voit aussi des femmes à cheval, assises de côté sur la selle lorsque ce sont des jeunes filles, et à califourchon lorsque ce sont des femmes mariées. Des charrettes passent traînées par des buffles, dont l'œil est bon et timide. Ces ruminants gigantesques, avec leurs énormes cornes cannelées et dirigées en arrière le long du crâne, sont les bêtes les plus douces de la création. Aux abords des villes, telles que Soukhoum ou Goudaouti, il y a de véritables processions de charrettes au milieu desquelles les grands cars jettent (selon le temps qu'il fait), la poussière ou la boue — et la panique. On rencontre aussi, sur la grande route qui suit la mer, d'un bout à l'autre de l'Abkhasie, des chevaux porteurs de planches (soixante kilos sur chaque flanc), quelques phaétons et quelques autos, et des cohues de piétons, paysans surmontés du bachlik (turban), ou du petit chapeau de feutre noir ou blanc, ex-moines reconnaissables à la filasse un peu équivoque qui pend de leur menton et de leurs joues et à leurs longs cheveux crasseux noués par derrière avec un cordon de soulier. Quelques braves paysans qui rentrent chez eux portent leur bâton dressé sur l'épaule, et, enfilés sur ce bâton, les restes de leur repas : morceaux de viande, de fromage, ou rondelles de pain, qu'ils ne se sont pas résignés à abandonner sur la table du restaurant. Des vieux, quasi centenaires, emboîtés ou non dans des bourkas, comme des icones, et de la jeunesse magnifique aux traits purs.

Ces gens parlent une de ces trois langues-ci :

l'abkhasien, ou bien le géorgien, ou bien le russe. Et s'il y a sur la route quelque boutique, quelque hôpital ou, à un carrefour, quelque auberge, les enseignes sont écrites dans un de ces trois idiomes. Cette exhibition si nette et si officielle des trois langues locales, date du régime soviétique, dont elle est le signe extérieur le plus précis. Du régime soviétique date également l'existence de l'abkhasien écrit. Cette langue ne se transmettait jusqu'ici qu'oralement, comme les vieilles légendes populaires. Elle n'existait, pourrait-on dire, que dans l'espace sonore, et non dans la géométrie des signes. Le pouvoir soviétique l'a captée et enserrée dans un alphabet. Ce n'était pas chose facile, en raison de l'extrême nuancement du parler abkhasien : on a découvert alors, qu'il renfermait soixante-dix-huit sons différents. On a pris à tâche d'en réduire le nombre, mais on n'a pas pu amener cette compression en deçà de soixante-deux sons. Peu de langues présentent une telle richesse de modulation. Avec une pareille collection de bruits classifiés, on arrive à imiter le chant des oiseaux ou le bruissement collectif des feuilles. Une des cellules sonores de la langue est un pur sifflement : on ne la prononce parfaitement qu'avec un sifflet. On exprime cette prodigieuse série de sonorités, à l'aide de l'alphabet latin, mais on a dû emprunter à l'alphabet russe des signes supplémentaires et même en inventer quelques-uns de toutes pièces, une fois l'alphabet latin absorbé. J'ajoute que toute une jeune génération de prosateurs et de poètes s'occupe à doter, pour la première fois, la vieille langue abkhasienne, d'une littérature fixée sur le papier.

Après Gagri, autre grande courbe émouvante du rivage : Novi Afon. On la découvre, — lorsqu'on vient de Gagri, — du haut d'un paysage de cols et de vallées que borne, là-haut et là-bas, le Caucase marbré de neige. Impression pénétrante et inoubliable que celle de ce monastère bâti par des moines grecs venus du vieil Afon il y a cent cinquante ans. Sur la colline immense qui descend en amphithéâtre vers la mer, une fresque de primitif se compose. Ce tableau est subdivisé par les verdures géométriques du parc démesuré : une frontière de cyprès géants dessine, avec sa haute ligne noire, un quadrilatère, et, à l'intérieur, le blanc des bâtiments transparait à travers les forêts symétriques d'oliviers gris argent, de conifères et de chênes aux dômes classiques, et les vergers piqués de mandarines comme de petites lanternes allumées. Lorsqu'on entre dans ce domaine, on ressent une impression de grandeur tranquille qui se transforme presque en angoisse, à la tombée du soir, quand les parois immenses des allées de cyprès se dressent de chaque côté de vous, tels les talus d'une grave allée de la mort. Malgré la révolution, malgré la république, malgré la liberté, le cadre rigide et implacable de la vie monastique transparaît partout, et cela vous met sur les épaules je ne sais quel écrasement chrétien.

Dans ce domaine vivaient un millier de moines dont une cinquantaine exploitaient les autres. Cela me fut raconté naïvement, dans un beau soir mélancolique, par un ex-moine qui vendait des journaux sur l'ancien chemin de croix aux grandes dalles, gardé par la grande armée sombre des cyprès aux cagoules noires : « Il y avait les moines ordinaires qui travaillaient tout le temps. Un peu plus haut, les moines plus avantagés qui écrivaient, puis ceux qui dirigeaient ; puis, plus haut encore, dans la demeure appelée le Nid d'Hirondelles, accrochée à la montagne à pic, l'évêque, qui ne faisait rien. »

Aujourd'hui, dans la maison des moines dirigeants on a établi une maison de repos (tenue, du reste, par un ancien moine). Lorsque j'y suis allé, cette maison était fermée, mais une foule d'ouvriers et d'ouvrières s'occupaient à la cueillette et à l'expédition des mandarines du domaine. (On en expédie un demi-million à Moscou, Kharkov et Kiev.) Parmi les ouvriers, terrassiers et jardiniers qui entretiennent le parc, il y a quelques anciens moines, reconnaissables à leur silhouette doucereuse et à un reste indélébile de teinture ecclésiastique. D'autres moines qui ne sont plus, comme autrefois, forcés de travailler, et préfèrent ne rien faire, rôdent sur les routes, en guenilles, mendiant leur pain. Dans le monastère est établi un hôtel. Le vaste réfectoire des moines, tout à fait semblable, avec ses nefs et ses fresques, à une église, renferme un restaurant. Juste sous la chaire où, pendant le repas, un frère lisait la Bible, a été installé un piano, que j'ai entendu résonner de pathétiques lieds populaires.

Et tout le monde, au lieu de se figer comme autrefois, directement ou indirectement, dans des règles monacales, cherche les règles vivantes de la vie nouvelle. On s'attache à planter des vignes à la place du maïs, seul cultivé ici depuis des temps immémoriaux. On s'occupe aussi, ainsi que l'expliquait un berger qui guidait un troupeau de vaches splendides dans les pâturages de l'ancien monastère, à améliorer le bétail local — petit et chétif — en important de beaux sujets régénérateurs.

A une vingtaine de kilomètres, sur un autre grand amphithéâtre au pied duquel s'avance également un vaste arc, ensoleillé, de la mer bleue noire, se pressent les maisons, les arbres, et les vingt mille habitants de Soukhoum.

Tout en haut, est le palais des singes, et il faut parler d'abord de ces ancêtres quadrumanes. Ledit institut est fondé depuis deux ans. Il est dirigé par les professeurs Forsikov (de l'Institut du Cerveau), et Voscrésienski, assistés du docteur Toboldine. Il renferme quarante-deux singes. Nulle part au monde, on n'a encore vu cela. Les Allemands ont bien essayé de grouper et d'élever des singes dans l'île de Ténériffe ; mais ils n'ont pu réunir que huit singes, qui ne se sont pas reproduits. Rien n'a pu être fait en Amérique, malgré plusieurs essais. Quant à l'expérience que l'on a tentée dans le midi de la France, à Cagnes, elle est trop récente pour qu'on puisse encore en faire état. Il y a depuis peu, à la maison des singes de Soukhoum, deux nouveaux locataires qui y sont nés. L'un a cinq semaines, et l'autre cinq mois. Le premier ne quitte pas sa mère qui n'entend pas non plus le laisser seul : lorsque nous sommes arrivés devant la cage qui leur sert d'appartement, elle a empoigné son fils et l'a serré fortement contre sa poitrine, et elle s'est retirée à l'autre bout de sa demeure en maintenant d'un bras contre son cœur l'enfant qui se cramponnait des deux mains à elle. Cette famille aux petites figures délicates, aux yeux très mobiles, très brillants, et supérieurement intelligents, est une famille de mandrills. Ils vous regardent fixement, avec un regard aigu et pénétrant, comme une lame fine, et vous tendent volontiers leurs minuscules mains noires. Le mandrill de cinq mois, né à Soukhoum, semble fort bien développé. Ce maigre bébé noir est déjà un gymnasiarque consommé. Lorsque l'on fait agir devant la cage le tic-tac d'un métronome, il interrompt toute occupation, et accourt au plus vite. Il sait en effet que ce bruit s'accompagne toujours du don d'un grain de raisin. Quelques pas plus loin, j'ai assisté à une scène tapageuse et mélodramatique : deux jeunes mandrills ne peuvent se sentir, se montrent les dents, et parlent à chaque instant de se jeter l'un sur l'autre. Bien qu'ils soient séparés par un grillage, il pourrait en résulter plaies et bosses. C'est ce qui inquiète particulièrement et constamment la mère d'un de ces adolescents, laquelle, chaque fois que son fils est pris d'un accès de fureur contre l'autre, s'élance, l'entoure de ses bras, et le retient de toutes ses forces en poussant des cris déchirants.

Dans les appartements grillagés où règne une température perpétuelle de vingt degrés, il y a encore cinq chimpanzés. Ceux-là ont un aspect beaucoup plus inquiétant, avec leur face plate comme une large semelle de cuir encadrée tout autour par un large éventail de poils rayonnants. Au milieu, les deux billes de verre jaune extrêmement rapprochées, que sont les yeux, ont une lueur fine, mystérieuse et un peu terrible. Ces chimpanzés, qui sont de grande taille, obéissent volontiers à la voix du professeur, mais, par ailleurs, ils ne sont pas très traitables, notamment Tarzan, lequel est âgé de vingt ans. Il se colle au grillage, reste sans bouger et a une façon hiératique et menaçante de lever et de garder en l'air son poing fermé, lorsqu'il aperçoit un bimane étranger. Il faut dire que ces chimpanzés (Tarzan, Lisa, Ziousi, Sénateur, Tirnich), ont une raison de n'être pas contents : ils n'aiment manger que des bananes, et on en manque en ce moment.

Trois orangs-outangs, les plus intelligents et les plus « frères » de tous les singes. J'ai eu le plaisir de tenir dans mes bras Boby, âgé de trois ans, et il m'a amicalement serré la main avec sa petite main aux longs doigts, lorsque je suis parti.

On est en train de construire pour ces humbles concitoyens un parc de deux hectares et demi à l'air libre. Le camarade Rykov, enchanté et édifié par la visite qu'il a faite ici, a donné cinq cents tonneaux de ciment. La Caisse d'Assurance a fourni 40.000 roubles.

Pourquoi fait-on cet élevage de singes qui requiert le travail exclusif de savants éminents, et qui coûte fort cher étant donné le régime de nourriture convenant aux pensionnaires subhumains de Soukhoum : œufs frais et bananes ? L'intérêt scientifique de cette initiative est considérable. Il doit en résulter des compléments d'informations précieux sur la biologie humaine. Les singes sont là pour être sujets d'observation et sujets d'expérience : D'abord au point de vue psychologique, car il est plus facile de démêler dans des organismes inférieurs (pas très inférieurs, mais, tout de même...) les réactions primordiales et les lois de base du fonctionnement des nerfs et du centre nerveux. En second lieu, la médecine humaine peut très fructueusement contrôler ses données actuelles par l'étude comparée des animaux, sinon pour toutes les affections, du moins pour quelques-unes. C'est ainsi, par exemple, que le professeur Voscrésienski a été amené, grâce aux mandrills, à faire un rapprochement plein d'intérêt entre la malaria et certaines maladies dûes aux vers intestinaux, maladies qui présentent les mêmes symptômes que la malaria, tout en étant foncièrement différentes. Pour le moment, on n'en est encore qu'à la période des observations préliminaires et de l'accoutumance au milieu.

La splendide et exquise Abkhasie, sur laquelle on pourrait rapporter tant de détails pittoresques et séduisants, a été, dans la dernière période de l'histoire, un bien lamentable paradis terrestre. Elle a compté jadis beaucoup plus d'habitants qu'elle n'en contient aujourd'hui. Et actuellement encore, il y a deux cent mille Abkhasiens épars soit dans l'Union Soviétique, soit, surtout, en Turquie — tant les guerres et les misères ont amené d'émigrations. La république d'Abkhasie renferme aujourd'hui environ soixante-dix mille habitants qui se rappellent tous combien ils ont été, après le tsarisme, maltraités par le régime menchévik.

Dans les cinq ouiesd de l'Abkhasie, il y a deux cents écoles avec vingt-cinq mille élèves. Il y avait sept mille élèves sous les tsars, et sept mille également sous les menchéviks. Ces écoles sont, aujourd'hui, au prorata des populations, abkhasiennes, géorgiennes, grecques, russes, arméniennes.

Agriculture : l'Abkhasie est le champ de tabac de la Transcaucasie. Tout au moins, une grande partie de la production de tabac de Géorgie vient de la petite république abkhase. Celle-ci fournit six cent mille pouds de feuilles. C'est ce qu'elle fournissait avant la guerre. Et n'oublions pas de mentionner que pendant la domination menchévik, la production de tabac d'Abkhasie était tombée à zéro. Un grand effort d'intensification est fait pour le tabac, et les perspectives d'avenir semblent heureuses de ce côté.

Avec la culture du tabac, l'Abkhasie cumulait celle du maïs. On ne peut guère aujourd'hui parcourir les prestigieux vallonnements de ce pays, sans voir, entre les forêts et les roches, là où la terre est nue, la moucheture des plants de tabac, et les épis géants sortant des herbes géantes, du maïs. (Après la récolte, on rencontre à chaque pas des arbres emmaillotés de paille de maïs qui sèche). Le fonds de l'alimentation traditionnelle du paysan abkhasien est fait de galettes et de pâte confectionnées avec de la farine de maïs. Aujourd'hui, on commence à mettre des enclaves de vignes, de lioufa, ou de thé dans les champs de maïs. En deux ans, de 1926 à 28, la superficie des plantations de thé a décuplé en Abkhasie (de 30 déciatines à 300).

Bien qu'il soit défendu de déboiser les montagnes dans une mesure qui modifierait l'aspect des rivages marins, l'industrie du bois fait de grands progrès en Abkhasie. Celle-ci se met en devoir de vendre du bois d'ébénisterie à l'Italie et à l'Égypte. On a entrepris dix verstes de crémaillères qui permettent de drainer les arbres abattus, du haut au bas des montagnes. Ces crémaillères coûtent cher (quarante mille roubles la verste).

Ajouterai-je que l'incomparable climat de l'Abkhasie en fait un centre tout indiqué de maisons de repos et de sanatoriums ? Toutes les habitations que les grands de la terre s'étaient jadis fait construire sous ce ciel extraordinaire, sont maintenant affectées au repos et aux cures des travailleurs de l'Union Soviétique, depuis le multiple palais du prince d'Oldenbourg à Gagri jusqu'à des maisons particulières béatement installées, au temps de l'injustice, dans les meilleurs endroits, par des parasites sociaux d'importance. Des sanatoriums neufs ont été organisés ou bâtis. D'autres ont été perfectionnés, comme celui de Goulerichp qui prétend au titre de premier sanatorium de l'Union Soviétique. Il abrite trois cents tuberculeux du premier et second degré, dans un panorama sensationnel de montagnes et de forêts dominant immensément la mer.

Ce sanatorium a été construit avant la révolution par un richissime marchand de bois nommé Smeskoi. Lorsque éclata la révolution, ce vieux homme ne s'est pas sauvé en Occident comme tant d'autres l'ont fait. Il est resté là, et il vit actuellement dans une petite maison dont on lui a laissé la jouissance, et reçoit une pension du gouvernement soviétique. De même, à Gagri, la très belle demeure du docteur Fédorov lui a été laissée, en raison du réel dévouement dont il a fait preuve vis-à-vis du prolétariat.

Autrefois, les Abkhasiens étaient tous musulmans. On pourrait dire que maintenant ils se divisent en musulmans et en chrétiens. Mais cela ne serait pas assez dire : en réalité l'antagonisme de la croix et du croissant a eu pour résultat que la majorité de la population s'est complètement dégoûtée et désintéressée de l'une et de l'autre. Malgré quelques vieilles habitudes de formules et de chapelets qui subsistent encore çà et là, le crédit du pope et du moulah est en baisse, et ils n'ont même pas le recours de se consoler entre eux.

D'autres préoccupations se sont présentement saisies de la petite république, sœur de la république géorgienne. Les mêmes souffrances, les mêmes massacres et les mêmes misères, résultant des guerres de nationalités, de l'oppression tsariste, de l'exploitation barbare du travailleur, ont désormais éveillé chez elle les mêmes aspirations que dans toute l'U. R. S. S. Un souffle de rénovation soulève ces braves gens qui aperçoivent de jour en jour plus clairement les grandes voies qui se sont ouvertes devant eux depuis 1921, c'est-à-dire depuis que l'Abkhasie est un état paysan et ouvrier qui fait partie intégrante du continent soviétique. Jadis le travailleur abkhasien n'était rien ; maintenant il participe à un grand tout sur un pied d'égalité avec n'importe quel citoyen de cet immense ensemble. Le camarade Smidovitch l'a très simplement et très clairement expliqué aux délégués de la conférence du Parti à Soukhoum, un soir que nous vînmes y prendre la parole.

L'esprit soviétique fait des progrès constants parmi les paysans. Une fois, en passant dans le bourg de Tsébelda, j'ai vu une énorme foule: c'étaient des travailleurs pauvres venus, quelques-uns à grand'peine, de tous les points de la montagne, à l'appel du gouvernement, pour présenter dans une conférence les revendications des paysans pauvres et en discuter avec les autorités. En d'autres lieux, j'ai causé longuement à des fonctionnaires du Parti, et à des fonctionnaires du gouvernement, et sans parler des personnalités importantes de la république comme Lakoba, Tchamba, Guéguélia, etc..., j'ai trouvé chez tous une ardeur combative et un sens admirable de l'œuvre pratique immédiate à établir : Dans les masses, monte une fervente curiosité de comprendre, de s'instruire et d'agir.

Il y a encore beaucoup à faire. Il demande bien de l'énergie et du labeur, le plan d'action économique, social et politique que notre éminent camarade Orgénikidzé a exposé à Lakoba, et à Amas, et à nous tous, dans la nuit du nouvel an que nous passâmes ensemble, — pour que ce beau pays d'Abkhasie qui fut, malgré sa beauté, si malheureux, si persécuté, et aussi, tellement abandonné, tellement mis à l'écart pendant des siècles, du progrès et de la culture, trouve enfin dans une formule sensée et humaine son développement rationnel et sa santé harmonieuse de grand corps collectif.

# IX

## L'HOMME D'ARTEK

Il n'y a pas longtemps — et mon cœur est étreint d'une grande angoisse en y pensant — il n'y a pas longtemps : quelques jours, et il me semble même que c'était hier. J'étais allé à Artek comme cela m'arrivait très souvent lorsque j'étais à Sououk-Sou. Je lui avais serré la main et nous avions causé affectueusement, comme il sied entre compatriotes communistes.

Artek, c'est comme qui dirait un petit village aux grandes maisons symétriques qui, de par la volonté d'un homme, est venu se poser sur le bord de la mer dans un des coins les plus exquis et les plus grandioses de la Crimée. Cet homme, on lisait son nom sur un des montants du portail qui s'ouvrait là : Soloviev.

Quant au village qu'il avait fait sortir de terre, c'était un village d'enfants. Le lieu est célèbre, tout le monde le connaît, mais quand bien même on ne saurait pas ce que c'est, on s'en aperçoit dès qu'on franchit la grille l'entrée, car le chemin qui descend aux rangées de maisons porte des milliers de traces de petits pieds nus, et c'est très visible qu'on va vers un nid d'enfants.

Ils habitent la série de maisons de bois qui a remplacé depuis un an seulement, les tentes où ils vivaient : de grandes maisons spacieuses, bien agencées avec une armée régulière de lits, et, en plus des locaux d'habitation, une ambulance, les douches, le musée, riche des conquêtes botaniques, minérales ou animales des enfants eux-mêmes : de l'autre côté des murs bariolés d'affiches de ce musée, on voit toutes sortes de productions du cru : des scarabées gigantesques, des hérissons et des serpents, et même un vaste grif, aigle criméen, avec ses yeux bleus et son cou de vautour (mais celui-ci est empaillé).

Des équipes de deux cents pionniers se succèdent à Artek, chaque mois, pendant cinq mois. Mille enfants y passent donc, venus de tous les coins de l'immense Union, des régions les plus froides, et aussi des foyers les plus dénués, et ils se plongent dans le soleil éblouissant de Crimée, entre la mer féerique et le parc sauvage et touffu qui escalade les pentes et s'éploie jusqu'aux flancs magnifiques du mont de l'Ours.

Telle est donc l'idée qui a présidé à cette création : rendre annuellement la santé à mille petits pionniers affaiblis en les transportant de leurs villes brumeuses et de leurs pauvres maisons, dans le luxueux séjour aménagé jadis avec amour par un homme qui a gagné beaucoup d'argent en vendant du vin. Au commencement de chaque mois, arrive joyeusement une cargaison de pionniers qu'ont malmenés, amincis et asphyxiés le dur remuement et l'atmosphère poussiéreuse des villes. Pendant la cure, ils gardent leur discipline de pionniers, et cela suffit pour maintenir parfaitement l'ordre et écarter toute infraction, tout incident, entre ces cent garçons et ces cent filles de dix à quatorze ans. Ils mangent et dorment, ils avalent l'air et le soleil, ils font des parades : on les rencontre sur les routes défilant avec leurs bannières et au son du tambour (et quand nous nous rencontrions en pleine campagne, nous nous disions bonjour car nous nous connaissions bien), ils jouent dans le grand parc à toutes espèces de jeux et notamment à un jeu nouveau : « la recherche de Nobile », ils font des excursions scientifiques sous la direction du bon docteur Chechmariov et de la jeune camarade professeur de botanique...

A la fin de chaque mois, la petite smala, pleine de santé, et pleine aussi de regret, quitte l'oasis d'Artek et se disperse aux quatre coins du continent soviétique. La dernière fournée est partie il y a trois semaines, fin octobre, avant la fermeture annuelle. Il y a eu à cette occasion une fête et un feu de joie, et tous les gens des environs sont venus à Artek, attirés par les illuminations, les cris rythmés, le tambour et la trompette des pionniers.

Et pourtant déjà, la mort s'approchait de l'asile de paix. Au bout de la riante file immobile des maisons de bois, il y a une petite maison qui est juste sur le bord de l'eau. Dans l'unique pièce de cette maisonnette construite au temps passé, habitait Soloviev, le père d'Artek, le fondateur et l'animateur. Soloviev a fait bien d'autres choses dans sa vie que le camp d'Artek. Il a joué, dans la jeune Union géante des Républiques Soviétiques, son rôle de savant et de militant. Il voulait aussi faire bien d'autres choses, et il avait raison : il était grand, fort, et beau, et il semblait bien capable de pousser très loin encore une destinée utile pour tous.

Accompagné par sa femme, camarade aux yeux clairs et à la voix douce qui veillait sur lui avec une sollicitude opiniâtre, car déjà les symptômes du mal terrible qui saisit le corps aux artères étaient apparus — il m'avait montré en détail cette colonie d'Artek dont il était l'inventeur et dont le docteur Chechmariov était, à ses côtés, le réalisateur pratique. Soloviev me mena voir l'emplacement, longuement choisi par lui, où il pensait pouvoir faire édifier un sanatorium d'enfants ouvert toute l'année.

Il ne songeait qu'à guérir les autres, et il parlait d'avenir, comme sont doucement forcés de le faire tous ceux qui se penchent vers les petits et les souffrants. Pourtant il était alors, lui, plus souffrant que les autres, et il avait peur d'être bientôt arrêté dans sa tâche et peut-être arrêté d'une façon affreuse. Il était médecin, et tandis que les gens le complimentaient sur son aspect florissant, il savait la vérité. Déjà, à Ouskoié, au mois de juillet, il m'avait dit : « Je suis très malade ». Il se rendait compte de l'acharnement épouvantable de ces attaques qui lui paralysaient la voix ou la vue, ou la mémoire, et qui ne lui ont guère laissé de répit depuis qu'elles ont apparu jusqu'au moment où elles ont abattu cet homme aux larges épaules et au noble visage. Hier, j'ai reçu le télégramme qui m'annonçait sa mort. C'est un grand deuil pour moi qui l'aimais beaucoup. C'est et ce sera aussi, un grand deuil pour bien d'autres. Mais ce sera, par-dessus ce deuil, un bel exemple de sagesse, de courage et de travail qu'il laisse, un exemple aussi durable que ses œuvres et ses réalisations.

# X

## LA LITTÉRATURE PROLÉTARIENNE

On en parle beaucoup, et on a raison. Oui, il faut la dégager, mais d'abord la reconnaître, la délimiter, la préciser. Nous sommes à la période des déblayages, des sondages, des prospections, des enquêtes.

Tant faire que commencer par le commencement, cherchons à établir la définition de la littérature prolétarienne. Autour de cette définition, on a tâtonné quelque peu jusqu'ici. La littérature prolétarienne est, sans doute, la littérature révolutionnaire ; celle qui s'adapte, pour la dépeindre, l'éclairer et l'animer, à la société neuve qui est en organisation active dans l'U. R. S. S., et qui est en formation latente au sein des sociétés capitalistes, et en marge des vieux régimes. Nous dirons, si on veut, que la littérature prolétarienne, c'est la forme actuelle et vivante, précise, intensifiée et imposée par l'évolution historique — de ce qu'on appelait la littérature populaire.

Mais dès que nous voulons commenter cette description aux larges contours et ces hautaines généralités, une difficulté se présente. D'ordinaire, un mouvement littéraire est représenté par un cycle d'œuvres. Or, il s'agit ici de quelque chose qui est surtout en puissance et dont nous voyons des signes précurseurs plutôt que des réalisations. Les productions effectives sur lesquelles nous arrêtons nos regards sont encore rares et encore jeunes. Il est évident que cette agitation artistique n'atteindra son développement normal et ses exactes proportions qu'après que la société nouvelle dont elle émane sera installée intégralement, et même installée depuis un temps notable. Mais ses prodromes et ses débuts concrets existent néanmoins, sa production s'ébauche par tentatives fragmentaires sur plusieurs points du monde, alors qu'ailleurs, et même dans certaines régions de l'État ouvrier, elle n'est encore qu'effort d'éclosion. Elle est dans sa période de guerre, comme le monde lui-même qui, avec des hauts et des bas, des arrêts et des reprises, des sursauts et des stagnations, est en état de trouble révolutionnaire.

Il est donc difficile de définir une poussée créatrice qui appartient plus à l'avenir qu'au présent, surtout dans ce domaine de l'art où les grandes œuvres autour desquelles les autres graviteront sont des éléments totalement imprévisibles en eux-mêmes. C'est pourquoi tous ceux qui ont constaté l'approche et les premiers effets de ce vaste mouvement encore à moitié prisonnier, qui ont recueilli ses premières manifestations plus ou moins confuses, et noté, jusqu'ici, ses étapes, n'ont pu encore définir et classifier cette force qui pour être d'ordre intellectuel, n'en est pas moins comparable à une force déchaînée de la nature. J'avoue que je ne connais pas toutes les discussions qui sont nées à ce propos. Je cherche à mon tour, parmi les quelques jalons du présent et les perspectives vierges de l'avenir, quelques assises positives.

La révolution a mis debout un homme nouveau: le citoyen de la république du travail: travailleur de l'usine, travailleur des champs, travailleur intellectuel. Cet homme nouveau est en même temps un lutteur qui doit remonter des courants, détruire des survivances, et bâtir un monument social dont il tient le plan et les matériaux. La révolution l'a créé de toutes pièces, dans sa volonté, dans son intelligence, dans sa sensibilité, dans sa moralité. La littérature prolétarienne est la chose de ce travailleur soldat. Elle doit en traduire la forme, le geste, l'ardeur, les effusions et les conflits intérieurs, les aspirations, et, enfin l'œuvre. Mais il est, lui, rouage dans un tout. Il existe surtout comme cellule d'un organisme, comme partie d'un ensemble, qui est la multitude internationale. La caractéristique principale de cet homme nouveau est donc son surgissement hors du cloisonnement individuel, et sa *forme* sociale. Cela n'implique pas le sacrifice et l'anéantissement de la personnalité. Au contraire, en patrie révolutionnaire, en patrie socialiste, la personnalité s'exalte parce que devant chacun s'ouvrent des possibilités qui sont interdites aux exploités qui logent dans des pays à patrons et à esclaves. Maxime Gorki, avec son pur et large regard, a constaté cet accroissement de la personnalité en terre soviétique. Ce phénomène est en effet normal à cause de la participation de chacun, de la responsabilité de chacun, de l'importance de chacun, dans l'œuvre commune. Le socialisme, qui crée la solidarité par l'organisation, et l'organisation par la solidarité, donne à chaque personne les moyens maxima de s'épanouir dans la société.

Si nous voulons maintenant nous approcher davantage des conditions et des modalités dans lesquelles doit évoluer la littérature prolétarienne, nous devons commencer par faire une part à la question de la forme, du contenant, de l'enveloppe.

Cette forme doit être aussi perfectionnée que possible. Il s'agit ici de nous servir non de vieilles charrues, mais de tracteurs. Plus qu'aucun autre métier, la littérature a besoin de technique. Même l'apport traditionnel, qui s'est accumulé d'âge en âge, ne doit pas s'éliminer à mesure, comme cela se passe pour les perfectionnements des sciences appliquées et de l'industrie, qui se remplacent successivement. L'œuvre du passé est toujours utile à connaître et parfois indispensable à utiliser. C'est la substance du progrès artistique. Donc, technique et culture.

Il faut attacher une importance capitale à la question du style, et en parler spécialement tout d'abord. Si je donne accès ici à cette vieille discrimination classique et administrative entre la « forme » et le « fond », c'est précisément pour accentuer ce point de vue tout marxiste que la forme doit être organiquement liée au fond comme le corps est anatomiquement et physiologiquement lié à la vie, — mais pour constater aussi que cette loi n'est pas observée dans la littérature contemporaine bourgeoise en ce sens que nous assistons à l'étrange et paradoxale juxtaposition d'une forme originale et neuve sur des conceptions morales périmées et sur une idéologie pauvre et desséchée.

Si, pour les écrivains prolétariens, il n'y a rien à prendre dans la conception bourgeoise actuelle de la littérature, il n'en est pas de même en ce qui concerne particulièrement la technique de l'écriture.

J'ai eu souvent l'occasion de le répéter : l'écriture littéraire a fait sa révolution. (L'écriture picturale aussi.) Il existe désormais un instrument nouveau, un mode d'expression, qui est remarquable. Il y a, entre ce qu'on écrivait il y a quinze ans et ce qu'on écrit maintenant, dans les littératures ultra-civilisées comme la littérature française, une différence telle qu'on reconnaît la date d'origine d'une page au premier coup d'œil. Il y a, réellement, un style moderne.

Cette transformation du mode d'écrire consiste en ceci : avoir éliminé de la parole écrite les lenteurs, le conventionnel, les circonlocutions — je serais tenté d'écrire : les politesses du langage de naguère ; d'avoir rogné, recoupé les vieilles métaphores, d'avoir appliqué plus directement les mots à la pensée ou à l'objet, d'avoir introduit dans l'image qui est la substance du style, la netteté scientifique, la vitesse, la ligne droite, le raccourci schématique, d'avoir cassé la phrase traditionnelle pour lui donner des reliefs et des éclats plus saillants. L'écriture est devenue une peau plutôt qu'un habillement.

Cette révolution s'est effectuée sous l'influence du fruste et pittoresque parler populaire (elle a du sang prolétarien dans les veines), sous le coup d'épaule de cette terrible simplicité de l'argot des tranchées mis à jour pendant la guerre, et aussi par suite de l'intrusion générale dans les mœurs et la psychologie des classes intellectuelles, d'une certaine tournure d'esprit scientifique, sportive, et arriviste, d'une certaine dose d'américanisme. Ce sont de ces tendances que sont nés, avant la guerre, le cubisme et le futurisme, lesquels sont tombés d'autre part dans des excès et des ridicules, ont été systématisés inconsidérément, exploités pour des fins acrobatiques et des jeux fantaisistes qui ne sont plus que formalisme et décadence : mais ces mouvements n'en ont pas moins opéré, dans le code usuel des phrases et des règles descriptives, une démolition profonde et définitive.

Donc, le style qu'il nous faut existe déjà. En le prenant à leur compte, les écrivains prolétariens reprennent une grande partie de leur bien, car il s'est rénové selon des principes de simplification et d'approfondissement dont toutes les créations populaires ont donné l'exemple dans le domaine de l'art et de l'esprit. Mais l'emploi d'un pareil instrument est un métier qu'on doit apprendre (Gorki n'avait pas tort de comparer récemment l'apprentissage de l'ouvrier écrivain à celui du travailleur du fer). Gardons-nous de sous-estimer l'importance d'une forme de haute qualité, et de faire des confusions puériles entre le naturel, le laisser-aller, et la vulgarité. Par ailleurs, évitons les complications et la préciosité, et toutes les maladies de la richesse intellectuelle. Veillons à ce que le langage nouveau garde sa fraîcheur, sa clarté, sa force et même sa brutalité, mais étudions tous les moyens qu'il nous offre. Sachons aussi — et c'est là un bel effort — le faire échapper désormais à toutes les formules restrictives, même à celles de l'originalité individuelle qui est si tentante pour un écrivain : le mode d'expression doit s'adapter techniquement, scientifiquement, c'est-à-dire avec des procédés variés, au sujet traité.

Sur ce chapitre, on peut dire qu'en ce qui concerne la poésie, la brisure des moules surannés a été trop loin. On a eu le tort de mettre le rythme et l'harmonie, pêle-mêle, dans le bagage des vieilles traditions dont il fallait se débarrasser. Ce fut trop, là, une opération chirurgicale, qui a disloqué la poésie, et il faudra, tôt ou tard, dans une certaine mesure, revenir en arrière.

Dans ce qu'on est convenu d'appeler les genres littéraires et dans les formules consacrées de ces genres, principalement le roman et le théâtre, il faut que la littérature prolétarienne apporte une revision. Ici, elle doit, à mon sens, se référer au passé, non pas au passé immédiat, à la stabilisation classique qui fut appauvrissante et abstraite, avec sa manie politique de centralisation, mais à la grande tradition populaire elle-même, celle de la chanson populaire, de l'imagerie populaire, et des grandes compositions touffues et vivantes d'immense envergure (quoique tâtonnantes encore dans leur première éclosion énorme), des « mystères » et des grands poèmes épiques. Il faut qu'elle se saisisse de ces anciennes formes démesurées, dont la légalisation classique a mutilé et étouffé l'épanouissement.

Mais en reprenant ces vastes cadres qui sont

eux aussi son bien, la littérature prolétarienne les animera de son souffle nouveau, et y mettra le remuement, la poussée et le rêve de la multitude actuelle, ouvrière manuelle de l'avenir.

Cette tendance-là n'a rien d'un parti-pris. Elle a toutes les caractéristiques d'une force naturelle. Il n'est plus question de directives politiques. L'offensive révolutionnaire est l'organisation d'une destinée vitale. Elle est normale, étant l'aboutissement historique, scientifique et organique, de la venue au jour des masses humaines.

La littérature doit refléter l'image de cette mobilisation réfléchie et unifiée de la plus grande partie des êtres vivants, montrer les types, les caractères, les réalisations, les faits de l'histoire révolutionnaire qui a commencé pour durer désormais jusqu'au but final ; les réactions intérieures et extérieures du présent contre le passé.

Il se présente aussi à elle une tâche négative, une tâche de destruction. Elle a à s'attaquer à l'ancien état de choses que le monde en mouvement s'occupe à remplacer : les tares, les abus, les anomalies, et les monstruosités, en grand et en petit, en général et en particulier, dans les faits, dans les mœurs, dans les sentiments. Il n'y a pas deux espèces de questions : les bourgeoises et les prolétariennes, mais deux points de vue. Et puis, il faut aussi exposer au pilori. Il y a des spectacles et des scènes, des vices et des mœurs qu'il faut évoquer et ranger devant le spectateur universel, quand ce ne serait que pour les balayer ensuite sous ses yeux — ou pour qu'il les balaie.

La littérature nouvelle a aussi à s'attaquer à l'ancienne « intellectualité », et plus spécialement, à entreprendre la critique (par l'intermédiaire d'une section particulière de ses écrivains d'action), de la littérature bourgeoise qui exprime sur toutes ses faces la société capitaliste. Une telle marchandise doit être nettement et violemment battue en brèche. J'ai déjà parlé, il y a quelques mois, à mes auditeurs de Moscou, de cette littérature artificielle, superficielle et décadente, qui conserve encore un certain prestige par suite de la virtuosité technique de quelques-uns de ses représentants, industriels opulents des lettres. Ce fatras de livres se caractérise par le désordre, l'incohérence, le vide, la banalité (les œuvres n'étant renouvelées que par le dessus), le goût du détail, le papillotage mondain à la Marcel Proust, la culture du vice à la André Gide, celle de la superstition à la Paul Claudel, la recherche de l'effet, du cas exceptionnel (les fous et les pervertis pullulent parmi tous les personnages factices qu'on essaie en vain de mettre debout de l'autre côté de la barricade), le divisionnisme à outrance, l'analyse quintessenciée (on découpe Stendhal et Dostoïevski en série), bref, sur toute la ligne, l'étouffement de la vie par le cloisonnement, l'égoïsme, et la dissection. De cet anarchisme déliquescent ne sort plus qu'une théorie toute négative : celle de l'art pour l'art.

Dans un tel musée, qui ne nous intéresse que comme but de guerre, les écrivains *populistes* apportent aujourd'hui le snobisme du peuple, mettent l'ouvrier et le paysan à la dernière mode, et s'imaginent qu'on change de sujet comme on change de cravate. Ils sont les amis du peuple comme le sont nos bons démocrates officiels. Qu'ils peignent des travailleurs ou qu'ils peignent des énervés, elle ne leur en tourne pas moins le dos, la vivante et brutale tendance qui empoigne un nouveau personnage pour le faire entrer de force dans la littérature — dussent les cadres de celle-ci craquer — le personnage collectif, la foule, la masse.

Des quelques considérations que je viens d'énumérer en m'efforçant de les mettre en ordre, il résulte que la littérature prolétarienne représente actuellement une orientation très fortement caractérisée, un regroupement et une polarisation nouvelle des forces intellectuelles, mais que, néanmoins, à l'heure qu'il est, peu d'écrivains sont intégralement des écrivains prolétariens ; il n'en est guère qui réunissent toutes les conditions requises. De la plupart de ceux dont les noms se présentent, on peut dire qu'ils sont écrivains prolétariens par quelque côté seulement. Nos phalanges organisées d'écrivains prolétariens (nous en créerons une incessamment en France), ne sont encore que des assemblées délibérantes et des écoles.

Notre devoir est d'en hâter le développement en commençant par déblayer et par mettre en lumière cet immense programme universel, parallèle, sur un plan idéal, à celui des réalisateurs sociaux. Nous pouvons aider à ce développement dans la mesure où nous pouvons lui apporter de la conscience et de la clarification. N'oublions pas, nonobstant nos impatiences, qu'il faut du temps pour coordonner et fusionner les mouvements intellectuels et artistiques, ou plutôt pour que ces mouvements se coordonnent et se fusionnent d'eux-mêmes. L'esprit humain se meut avec une certaine lenteur dans cet ordre de réalisations. Le délai nécessaire à la formation des cristallisations intellectuelles peut se comparer à celui qu'exigent irréductiblement les cristallisations naturelles. L'attente peut être prolongée ou diminuée par les événements, mais elle est, en tout cas, le résultat plus ou moins poussé d'un profond travail d'élaboration.

Le concours le plus effectif qu'il nous faut, maintenant que nous avons constitué un foyer pour ce travail, ce sont les représentants de la révolution russe grandissante qui nous l'apporteront.

# XI

## ATTENTION AUX MIRAGES !

Il faut se rendre à l'évidence. Beaucoup de nos amis russes subissent le prestige des modes françaises et de l'article de Paris. Je parle ici de choses littéraires, et dans ce domaine, l'article parisien en vogue est de bien moindre qualité que dans le domaine du bibelot et de la couture.

Ce cri d'alarme un peu inquiet — qui donne presque au titre de ce chapitre l'allure d'un manifeste ! — résulte d'une promenade que je viens de faire devant les vitrines des libraires, et dans les bibliothèques, de Moscou, ainsi que d'une petite exploration hasardée parmi les dernières études et comptes rendus de la belle phalange des critiques soviétiques. Il résulte aussi de beaucoup de conversations que j'ai eues.

Aux devantures des magasins qui vendent

de la littérature étrangère dans la capitale de l'Europe rouge et du monde rouge, on surprend parfois les productions les plus insignifiantes et les plus creuses de notre littérature française de décadence, et les critiques me semblent prendre ici au sérieux des auteurs qui ne se prennent pas au sérieux eux-mêmes.

Si je relate cela dans un journal qui a l'habitude de traiter des questions de grande envergure (1), c'est qu'il y a là, à mon sens, une assez grave anomalie.

J'exprime cette anomalie en posant cette vérité de fait : Voici un peuple qui domine les autres par la conception vitale nouvelle, le plan d'architecture sociale dont il est l'ouvrier, c'est-à-dire qui les domine par l'esprit ; voici un peuple qui a changé la face de l'histoire et qui se met en devoir de changer la face de la terre, qui est le fondateur et sera l'ancêtre d'une période historique ; qui, de plus, dans le domaine de l'art et des lettres, ébauche déjà des réalisations qui seront à sa taille et lui ressembleront, — et sur ce torrent superbe de déluge, qui est santé et logique, on voit surnager des œuvres médiocres d'exportation et des silhouettes d'auteurs étrangers dont

(1) *Pravda*, août 1928.

on a un peu honte de prononcer les noms !

Certes, on ne peut pas englober dans un seul jugement, esthétique ou éthique, le bloc copieux d'un pays moderne. Certes, il y a en France des livres de haut niveau. On en connaît ici quelques-uns (pas tous) ; mais il est très manifeste qu'il n'y a pas une démarcation suffisante entre ces œuvres et les autres, ni au point de vue du jugement qu'on en porte, ni au point de vue de la diffusion qu'on leur donne. Il y a une mise au point énergique à apporter.

Sans doute, « l'homme nouveau » qui grandit ici est poussé par un désir violent de s'instruire, un besoin de connaître et d'assimiler, une ardente curiosité. C'est son devoir, mais à condition qu'il ne se laisse pas prendre à son propre jeu documentaire, ne s'illusionne pas sur la faible qualité de la plupart des productions en vogue dans nos pays occidentaux, et sache ranger avec méthode les résultats de son investigation parmi les cultures étrangères.

A quoi répond, pour mettre les points sur les i, le crédit notable dont jouissent parmi beaucoup de milieux éclairés de la Russie révolutionnaire, des écrivains comme les Marcel Proust, les Giraudoux et les Cocteau, par exemple ?

Que ces écrivains soient des virtuoses, on ne le conteste pas. Mais ce sont des virtuoses d'une assez dangereuse espèce. Leur habileté est celle des jongleurs et des prestidigitateurs, leur culture est raffinement et décomposition. Ils représentent parfaitement une société arrivée au bout de son destin, et dont chacun de leurs livres est l'étiquette — et l'épitaphe.

Voici Marcel Proust, autour duquel on a fait à Paris une publicité qui s'est infiltrée jusqu'ici. C'est une petite personnalité. Ce fut un bureaucrate de salon et un couturier pour poupées, un collectionneur et un aligneur fastidieux de menus détails. Il a démêlé, sa vie durant, atome par atome, et minute par minute, les faits et gestes et la psychologie d'une caste stupide entre toutes : la caste mondaine. Il en a rempli toute une pile élégante de volumes, comme on remplit une pile de malles, et sur tout cela, odeur de renfermé, pas d'idée générale, pas de vie (pour un artiste l'idée c'est plus que la vie, mais la vie, c'est mieux que l'idée, et entre le décor, l'idée et la vie, le talent fait des alliances, et le génie fait des synthèses).

Voici la littérature en morceaux de Paul Morand et de Giraudoux, internationalistes de palaces, observateurs de wagons salons et d'ascenseurs, diplomates de villégiatures, qui enregistrent par clins d'œil, ont le regard précis et aigu, amusant parfois par le raccourci, d'un kodak, en ont aussi la cervelle, et « épatent le bourgeois » pour lui faire la cour. Dans ces livres-là, l'apparence remplace la réalité et l'effet remplace même l'apparence, la turbulence remplace le mouvement, et les courants d'air remplacent le souffle.

Voici Jean Cocteau, sucreur de moutarde, charmant clown à surprises, acrobate aristocratique, dont la célèbre conversion au catholicisme (d'un bond, il est monté jusqu'au ciel et au bon Dieu), n'est qu'un événement de cirque.

Voici, avec des qualités plus sérieuses, André Gide, qui a porté l'homosexualité à la hauteur d'un art, et qui a acquis de ce fait une grande influence morale. Il parle aujourd'hui de toute chose avec la solide autorité que confère le scandale, et il en est devenu un arbitre.

Voici une autre catégorie : ceux qui poussent Dostoïevsky à l'absurde. Le grand Dostoïevsky dont le nom est brandi comme un mannequin par certains spécialistes ( et c'est peut-être là l'appât principal du piège où l'opinion publique étrangère se laisse prendre), était un analyste éperdu, mais c'était aussi un splendide faiseur de synthèse vivante. Il savait démonter un homme, mais il savait le remettre sur pieds pour le jeter dans un drame. Ses imitateurs occidentaux contemporains ne savent imiter de son génial métier, que la manie de dissection. Pour reconstituer et projeter la vie ainsi découpée, il faudrait de la force et de la lumière. Et c'est ce qui manque à tous ceux qui prennent pour modèle la caricature de Dostoïevsky.

Je pense qu'on fait en France trop de place à tous ces littérateurs de fin d'Empire, mais cela se comprend dans nos pays où ils représentent exactement les perfectionnements et les tares suprêmes d'une société malade dont le monument s'effrite et tombe en poussière, mûr pour la démolition.

Mais ici, où tout est remis en question avec éclat, leur existence même devrait être remise en question.

Par ailleurs ce sont, amis soviétiques, vos ennemis irréductibles. Vous les offusquez par votre homogénéité et votre jeunesse massive de barbares, eux qui sont les produits aristocratiques de la bourgeoisie qui règne encore, jusqu'au prochain tremblement de terre. Ils ont perdu le sens de la vie, ils cherchent désespérément du nouveau, à côté de la réalité, dans le snobisme, la pyrotechnie, l'exotisme échevelé ou le cas anormal. Ils sont des réactionnaires au même titre que le fossile Paul Bourget ou que ce triste scribe rébarbatif qui s'appelle Charles Maurras, ou que ce chantre redondant de contes de nourrices qu'est Paul Claudel. Ils recueillent du reste les sourires des pouvoirs officiels, qui les utilisent à la propagande, et même de l'Académie Française, musée de morts vivants dénommés immortels. Et *Les Nouvelles Littéraires*, journal fermement réactionnaire et néo-catholique (subventionné par la Librairie Larousse qui corrige avec du nationalisme son dictionnaire d'histoire et de géographie), est leur boutique.

Bien entendu, il ne faut être ni sectaire ni, ce qui est bien pire, ignorant. Il faut équilibrer et sélectionner l'appréciation, voilà tout. Il faut reléguer à leur petite place des fantômes qui n'ont aucun rôle réel et notable dans la pensée et l'art, qui ne sont que des résidus de culture et des déchets compliqués de civilisation, et se défier, en ce qui les concerne, des mauvaises tentations de raffinement que nous avons tous en nous, nous qui, par la force des choses, sommes tout de même imprégnés d'une trop vieille tradition. Mais il faut rendre justice, en les étudiant dignement, aux autres.

Les autres, les valeurs, les bons, les solides ? Il y en a, même dans la littérature française contemporaine. Nous devons admirer, par exemple, un magnifique écrivain comme Ramuz, bien que, par ailleurs, sa pensée soit toute bourrée de superstitions et de préjugés d'un autre âge. Nous devons reconnaître la maîtrise verbale des poètes Jules Supervielle et Luc Durtain — quoique le premier, locataire à vie d'une tour d'ivoire, ne soit pas du tout des nôtres, et que vous n'ayez dans le second qu'un aimable ami qui ne vous comprend qu'à moitié. Il faut connaître certains livres de pitié et de cordiale générosité de Duhamel, et certains vifs tableaux de Dorgelès (encore que celui-ci se soit éloigné de la belle flamme directe d'antan, et que ce sympathique écrivain se soit officialisé), et aussi le Jules Romains actuel, pour fortement embourgeoisé qu'il se présente actuellement.

De plus, toute une série de beaux représentants de la pensée française sont assez près de vous qui sont parmi les plus valables de la génération actuelle, techniquement parlant : Blaise Cendrars, Jean-Richard Bloch, Léon Werth, Charles Vildrac, sans parler de Marcel Martinet, H. Poulaille, Tristan Rémy, René Maran, Magdeleine Marx, Vaillant-Couturier.

# XII

## CE QU'A DONNÉ LA JOURNÉE DE SEPT HEURES EN U. R. S. S.

On sait que le TSIK (Comité Central) de l'U. R. S. S. a, dans son manifeste du 15 octobre 1927, décidé l'adoption graduelle, dans l'Union, de la journée de sept heures « sans diminution de salaire », et on se rappelle l'émotion qu'en son temps a suscitée dans tous les milieux cette nouvelle sensationnelle. Les journaux bourgeois ont véhémentement attaqué l'innovation audacieuse, la jugeant attentatoire au privilège du capital, néfaste à l'industrie, et, du reste, pratiquement irréalisable.

La question de la journée de sept heures présentait pour les socialistes une importance essentielle. Un des articles primordiaux des revendications de la classe ouvrière porte sur la diminution de la durée du travail journalier, aussi grave que l'augmentation des salaires et le maintien du droit de grève. La lutte ouvrière s'est concentrée au cours de la période contemporaine autour de la loi de huit heures. La journée de huit heures, après avoir été solennellement promise au prolétariat par le consortium des grandes puissances européennes, et avoir figuré dans les pactes internationaux d'après-guerre, a été peu à peu, soit officiellement, soit simplement en fait, retirée de la circulation. En Allemagne, en Italie, en Angleterre, la journée de travail a été augmentée légalement, et partout ailleurs, le principe des huit heures est entamé ou menacé. Contrairement à la légende du progrès social continu dans les régimes « démocratiques » actuels, cette conquête des travailleurs, qui est en rapport direct avec leur bien-être, leur culture, l'élévation de leur niveau, leur est arrachée ou âprement disputée.

C'était donc un geste d'une portée énorme que de poser devant le monde entier la question de la diminution des heures de travail quotidien, en proclamant que la journée de huit heures, partout battue en brèche par le grand patronat industriel, est encore trop longue, et en commençant vaillamment à appliquer la journée de sept heures. En dehors de son sens social et politique international, cette initiative qui portait directement sur un des grands enjeux de la lutte de classes, et augmentait quotidiennement d'une heure la vie libre des travailleurs, présentait de plus l'avantage de diminuer le nombre des chômeurs dans l'U. R. S. S. (de 500.000, après sa généralisation, assuraient les économistes russes).

Le socialisme, ou plutôt le communisme actuel, qui est le socialisme effectif, porte dans son programme la journée de six heures, vers laquelle la journée de sept heures est l'acheminement mathématique. Il s'agissait de faire passer ces articles théoriques dans la pratique, et d'introduire cette immense réforme dans l'économie moderne. Était-ce possible sans porter atteinte à l'économie nationale, qui n'est qu'un engrenage de l'économie universelle ?

D'abord, un petit agenda des faits. En décembre 1927, le XVe Congrès du Parti, à Moscou, prit, au sujet de l'essai immédiat de la journée de sept heures, une décision conforme à celle du gouvernement.

En janvier 1928, les sept heures de travail sont appliquées dans une fabrique de textile (la Vagianokskaia, dans le gouvernement de Tver). A la fin du même mois, quatorze fabriques avaient adopté cette réforme ; en mars 28, 23 établissements. A la fin de novembre, 28 entreprises, représentant 125.000 ouvriers, travaillaient sept heures. (C'étaient surtout des fabriques de textile). Il faut ajouter à ce nombre 13 fabriques ukrainiennes, avec 9.000 ouvriers, qui ont amorcé dans leurs ateliers la journée de sept heures.

Le Comité Central Exécutif, dans son plénum de novembre 28, a décidé que la journée de sept heures serait appliquée en 1928-29 à 20 % des travailleurs de toutes les industries et transports ; en 1929-30 les sept heures seront données en surplus à un nombre égal d'ouvriers (ce qui fera 40 % du personnel ouvrier total, à la fin de 1930). Et, en définitive, tous les ouvriers soviétiques doivent, à la fin de l'année 1933, travailler sept heures.

Je voudrais examiner l'état actuel de la question et les résultats obtenus par les applications déjà faites partiellement de cette nouvelle clause si importante insérée dans la législation du travail. Je n'ai lu nulle part ce bilan. Aucune étude d'ensemble n'en existe encore, à ma connaissance. J'ai cherché à dégager sur place les éléments qui permettent actuellement d'évaluer et d'apprécier les conséquences de la substitution de la journée de sept heures à celle de huit heures, dans une partie des entreprises soviétiques, et j'ai rassemblé toutes les documentations de détail qui avaient été publiées. De plus, j'ai demandé son avis circonstancié à Ivan Ivanovitch Koutouzof, secrétaire du Syndicat du textile. Ce camarade ne m'a parlé que de l'industrie textile. Mais, ainsi qu'on l'a vu, cette industrie est jusqu'ici presque la seule où la journée de sept heures a été appliquée.

Ce n'était pas une petite affaire de modifier de la sorte l'horaire du travail. On n'a pu envisager pratiquement l'application des sept heures qu'en envisageant en même temps une certaine modification de la forme du travail, afin qu'il n'y ait pas une déperdition brusque dans la production. En conséquence, le travail a été, en vue des sept heures, rationalisé très vigoureusement. On a adopté le système des trois équipes fournissant une besogne continue, du travail de nuit des ouvriers et ouvrières (il y a beaucoup de femmes dans le textile), et du fonctionnement sans arrêt des machines.

On a pu constater, dès l'abord, dans un grand nombre d'établissements, une ponctualité plus grande des ouvriers, un sentiment plus accentué de la discipline. Les retards et les absences ont diminué dans une très notable mesure, et la journée de sept heures tend à représenter bien réellement sept heures pleines de travail. Il y a eu dans toutes les régions industrielles des réunions et meetings destinés à montrer aux ouvriers la portée et l sens de l'innovation que l'on amorce, et dont on étudie toutes les modalités avant de la généraliser. Beaucoup d'ouvriers n'étaient pas tout d'abord favorables à cette réforme. Avec une conception quelque peu simpliste, ils réclamaient, à la place, une augmentation de salaire, puisqu'on leur disait qu'un des résultats de la diminution de la durée de l'effort équivalait à un salaire plus élevé. Il a fallu leur montrer que l'on ne pouvait entreprendre, avec quelque chance de succès, une telle réforme en face de l'activité du capitalisme mondial, qui n'en voulait à aucun prix, qu'en tenant compte non seulement de l'intérêt immédiat de chaque travailleur, mais aussi de l'intérêt général de la production soviétique, vis-à-vis de la concurrence universelle. Les ouvriers l'ont presque partout compris, et dans un meeting de fabrique, l'un d'eux a eu cette formule heureuse pour spécifier le bon rendement qui était la raison d'être des sept heures : « Il ne faut pas dire : sept heures, mais 420 minutes ».

La plupart des heureux résultats que l'on escomptait ont été atteints, et d'abord, la diminution du nombre des chômeurs : à la fin d'octobre, dans les usines textiles ayant adopté les sept heures, on constatait une augmentation de 19.000 travailleurs. En second lieu, on a constaté une augmentation de la production.

Prenons quelques exemples : A Ivanovo Vosnesenska (grand centre industriel textile aux environs de Moscou), le Comité Directeur des syndicats a fait connaître le bilan de trois mois de travail des fabriques qui ont adopté les sept heures, c'est-à-dire toutes les fabriques de la région, excepté la fabrique de Dzerjinsky. Nombre d'ouvriers en surplus : 4.222. Gros accroissement de la production : 40 % pour la production brute, et 20 % pour le tissage. L'augmentation de la production amène l'augmentation du salaire. Par exemple, à la fabrique Rodnikovskaia (filature), la moyenne du salaire journalier était, en octobre, 1 rouble 98 ; en janvier, 2,8 ; en février, 2,13.

Il est nécessaire de bien stipuler ce point : La journée de sept heures est forcément bienfaisante pour l'ouvrier dès lors qu'elle ne comporte pas de diminution de salaire ; mais il semblerait qu'en l'adoptant on doive acheter cet avantage social par une diminution de la production équivalant au huitième. Cela apparaît logique au premier abord, mais ce n'est cependant pas exact, car il faut tenir compte de cette loi physique que l'intensité du travail et de l'attention va en augmentant dans la proportion où le nombre d'heures de travail quotidien diminue.

La rationalisation qui tend à pousser l'effort à sa limite, est d'autant plus possible que la durée de l'effort journalier est écourtée. C'est la rationalisation, c'est-à-dire l'intensification calculée, qui permet, dans les cas que nous citons, l'accroissement de la production, mais c'est la journée de sept heures qui permet un certain degré de rationalisation. Il serait erroné de dire que la même rationalisation, appliquée à la journée de huit heures, donnerait des résultats plus élevés d'un septième, puisque la rationalisation, qui porte sur huit heures ne peut pas être la même que celle qui porte sur sept heures.

Je prends maintenant un autre exemple. La plus grande fabrique de confection de Léningrad, « Volodarsky », a adopté la journée de sept heures le 1er mai 1928. Durant le premier mois, la production des vêtements augmenta de 18 %, le prix de revient restant le même. Le bilan semestriel de fin octobre donne des résultats similaires : la production est de 26 % plus élevée qu'en 1927, et cependant l'augmentation du nombre des travailleurs n'a été que de 8 % dans le premier trimestre et 5 % dans le deuxième. Le salaire journalier moyen était, avant la réforme, de 3 roubles 49 ; il est actuellement de 3 roubles 85.

La discipline du travail s'est améliorée, les absences diminuent de 6 à 7 %. Les machines fournissent un travail continu, et deux chiffres donneront une idée de la division et de la rationalisation du travail auxquelles on a eu recours : la confection des vestes était divisée autrefois en 65 opérations, elle l'est actuellement en 125, celle des pantalons, qui s'effectuait en 43 opérations, en exige maintenant 76.

Troisième exemple. On a appliqué la journée de sept heures dans la grande papeterie « Gosnak » de Léningrad, qui fabrique, notamment, le papier des billets de banque, des timbres-poste, etc... Cette fabrique emploie 1.400 ouvriers. L'expérience des sept heures, qu'on y a tentée, a brillamment réussi.

Le rendement y a augmenté de 17 %. Le salaire horaire de 11,2 %. La part du salaire dans les prix de revient a diminué de 4 %.

Revenons au textile. A Novoié Bolchévo, la journée de sept heures a été adoptée le 16 janvier 1928. L'ouvrier faisait, au temps des huit heures, 310 kilos de produit. Dans les trimestres qui ont suivi l'adoption des sept heures, son rendement est passé successivement à 343 et à 345 ; « l'intensité de l'heure de travail » a donc augmenté dans des proportions marquées. S'il y a une différence de production entre la journée de huit heures et la journée de sept heures, prises isolément, cette différence diminue ; le deuxième trimestre, elle était de 3,8 % ; le troisième trimestre, elle est tombée à 1 %. Le prix de revient de 100 kilos de tissu est descendu de 19,15 % par rapport à l'année précédente.

L'augmentation des salaires est très sensible. A Novoié Bolchévo, par exemple, lors de l'adoption des sept heures, le salaire des travailleurs a augmenté, pour les teilleurs de 8,7 %, pour une autre catégorie de travailleuses (vaterstchine), cette augmentation atteint 16 % en février et 19 % en septembre. Cet accroissement du salaire provient, ainsi que nous l'avons constaté déjà, de l'augmentation du rendement du travail. La production moyenne d'un ouvrier a augmenté, en 1927, de 50 %, et pour l'ensemble des ouvriers de Novoié Bolchévo, de 57 %.

Ces résultats sont, on le voit, extrêmement probants. Ils attestent que l'application de la journée de sept heures est une mesure parfaitement intelligente et par conséquent pratique, qui ne peut présenter que des avantages et pour la classe ouvrière, et pour la production en elle-même.

Mais il est indispensable que la transition de la journée de huit heures à la journée de sept heures ne s'effectue qu'après une longue préparation technique. Il est non moins indispensable qu'on la fasse précéder de conférences aux ouvriers afin de leur montrer toutes les faces du grand et complexe problème qu'il s'agit de résoudre.

Faute de cette organisation technique et de cette préparation, la réforme risque d'échouer, et dans plusieurs cas, elle n'a pas donné des résultats satisfaisants, tout le nécessaire n'ayant pas été fait pour éviter le désordre et les déboires. Il se présente en effet des difficultés dont quelques-unes sont fort ardues, et auxquelles il faut pallier par avance. Parmi ces difficultés, le manque de qualification des chômeurs que l'on embauche. L'augmentation de la production a nécessité une quantité brusquement accrue de matières premières et on a dû parfois se montrer trop coulant sur la qualité. Mentionnons aussi le problème du logement des ouvriers supplémentaires. Cette dernière difficulté s'aggrave par le fait du travail de nuit et de la nécessité qu'il y a à ce que tous les ouvriers et ouvrières logent relativement à proximité de l'usine. Enfin, ainsi que nous l'avons déjà dit, la journée de sept heures ne pouvant équilibrer la journée de huit heures dans l'économie nationale et dans l'économie mondiale que par une rationalisation méticuleuse, l'ouvrier et l'ouvrière doivent se plier à ces nécessités tactiques du travail, et pour cela, tout d'abord, les comprendre à fond.

En résumé, il apparaît d'ores et déjà d'une façon positive, qu'il n'y a pas d'impossibilité intrinsèque à adopter la journée de sept heures, puisqu'elle constitue à tous égards un perfectionnement dans les annales du travail et de la lutte industrielle.

Mais il ressort non moins évidemment que cette modification suppose un grand nombre de mesures préparatoires : l'instruction des masses, l'organisation du travail des machines, le logement des ouvriers, l'éclairage, la ventilation, les mesures de sauvegarde des travailleurs qu'exige spécialement le travail de nuit, la réglementation de ce travail de nuit. Toutes ces questions secondaires, si ardues qu'elles soient, peuvent se résoudre en principe, et même assez rapidement en pratique. Il ne reste donc comme argument sérieux contre la journée de sept heures que l'usure des machines : soumises à une besogne intensive, au fonctionnement sans répit, au travail à la chaîne, les machines ne peuvent servir que pendant un laps de temps beaucoup moindre que dans les conditions traditionnelles. On parle d'une quinzaine d'années pour les machines et métiers du textile.

Mais cela n'est pas non plus une difficulté insurmontable. Le magnifique accroissement du rendement du travail là où le passage de l'ancien système au nouveau a été suffisamment étudié et mûri, indique que lorsque la journée de sept heures se sera généralisée, elle donnera de triomphants résultats généraux malgré l'amortissement plus élevé de la mécanique industrielle.

Les résultats acquis ont été tels que les économistes soviétiques entrevoient dès maintenant la possibilité d'appliquer la journée de six heures. Un des dirigeants de l'exploitation pétrolifère de Bakou, qui plus qu'aucune autre dans l'Union subit la pression de la concurrence étrangère, me disait qu'il serait plus facile de faire fonctionner rationnellement la journée de six heures que la journée de sept heures, la première impliquant quatre équipes pour 24 heures, la seconde ne s'adaptant qu'avec des fractions à la division par équipes dans le laps normal de 24 heures. Schmidt, Commissaire du Travail, a dit dernièrement au Comité des Syndicats de la Russie proprement dite, qu'il pense qu'il serait bon que les usines qui ont l'intention d'adopter la journée de sept heures envisagent directement la journée de six heures.

Le TSIK, se rendant compte de la valeur de toutes les expériences recueillies, et allant carrément de l'avant, comme il convient à l'organisme dirigeant de l'État Ouvrier et Paysan, a établi, indépendamment des directives que j'ai citées plus haut quant à l'extension méthodique de la journée de sept heures, une série de mesures destinées à parer aux obstacles qui se présentent et aux échecs partiels ; en premier lieu, des campagnes de propagande auprès des ouvriers pour leur expliquer le mécanisme aux multiples rouages de la loi de sept heures. Il exige qu'une préparation technique soit faite suffisamment à l'avance pour que l'application de la journée de sept heures ne subisse pas d'à-coups. Il décide qu'il faut créer des logements ouvriers dans les centres industriels où le nombre des travailleurs doit augmenter. De même des garderies d'enfants, des écoles et des hôpitaux doivent être organisés en nombre suffisant par les usines qui adoptent la journée de sept heures. Il décide que les femmes enceintes ou qui nourrissent leurs enfants, doivent être exemptées du travail de nuit.

Ces décisions du TSIK montrent que la question est effectivement et définitivement passée à la phase de la réalisation générale. La journée de sept heures, objectif émouvant de l'immense armée internationale du travail, gage de progrès et de justice sociale, mise au point logique de l'effort producteur, la journée de sept heures contre laquelle les pouvoirs capitalistes prêchent l'exécration et l'excommunication, est donc désormais solidement implantée dans l'Union, c'est-à-dire que fatalement, tôt ou tard, cette noble et belle réforme, qui sera née et aura grandi dans la patrie socialiste, s'imposera partout ailleurs, de par la volonté des masses.

# XIII

## UN BEAU FILM UKRAINIEN

Orélovitch, directeur de la section d'Odessa du cinéma d'État ukrainien (*Voufkou*), vient de me donner, en représentation privée, la primeur d'un film nouveau : L'*Arsenal*, œuvre de Dojenko, tourné en partie à Kiev, en partie à Léningrad, et en partie à Odessa. L'*Arsenal* est, à mon avis, de la haute classe des productions cinématographiques marquantes d'Eisenstein et de Poudovkine — dont quelques créations ont, malgré la censure, survolé le monde. C'est un grand film.

Vers la périphérie d'Odessa, dans une de ces immenses avenues à l'aspect si grandiose et si purement russe, qui débouchent dans la campagne, est un terrain enclos de murs. C'est le vaste royaume du cinéma : le domaine du groupe local d'organisateurs, d'artistes et d'ouvriers, chargés, chacun selon ses moyens, de déverser la vie sur l'écran. Ce terrain est à lui seul tout un monde. Il y a là-dedans, de la plaine, du champ, de la forêt, des rues, des bâtisses de toutes espèces — décors sur trois dimensions —, et de grandes bâtisses plus durables : celles où sont les ateliers et bureaux, et un magistral studio pour les prises de vues intérieures. Il y a là aussi un petit théâtre de quelques centaines de places pour l'examen des films ou morceaux de film.

C'est dans cette salle presque vide — nous étions quatre — que s'est déroulé, l'autre jour, le fourmillement noir et blanc du drame nouveau. Aucun des camarades qui étaient là ne connaissait suffisamment le français pour me traduire à mesure le texte ukrainien qui se présentait sur l'écran entre les images. De sorte que j'ai assisté à un film sans légendes.

Est-ce par suite de cette circonstance que les épisodes successifs du film ne m'ont pas paru être toujours rigoureusement et strictement liés entre eux ? Quoi qu'il en soit, ce serait là la seule critique que peut susciter ce film, et ce n'est qu'une critique superficielle : En effet, là même où le fil conducteur semble échapper, l'émotion dramatique ne cesse de surgir, elle s'accroît sans cesse, elle s'accumule et elle apporte l'unité et la cohésion nécessaires à la compréhension de la tragédie qui passe par éclairs. Preuve finale : l'ensemble de l'œuvre est d'un effet grandiose et poignant.

L'*Arsenal*, c'est l'histoire d'une révolte d'ouvriers dans une usine de munitions de Kiev. C'est, en Ukraine, le premier remous de la révolution d'Octobre, un an après Octobre.

Cette révolte est matée par les soldats et la police du féroce pouvoir blanc et ses promoteurs sont exterminés. Le film s'achève dans le sang des libérateurs, dans un cri de douleur, et aussi de colère et d'exécration.

Les scènes successives qui concrétisent ce thème sont toutes d'un relief, d'une intensité, d'une ampleur, saisissantes, et parfois géniales, et la série est bouleversante.

Techniquement, l'œuvre est remarquable. Très riche et très multiple, mais brève et ramassée, elle procède par détails étincelants. Éclat et pure violence des photos, sobriété des jeux de scène, mouvement, vertige, glissement empoignant des images. Dans la première partie, un train de soldats qui ne peut plus s'arrêter et s'élance en vitesse croissante semble par moments vous frapper les yeux comme une roue à palettes, avec les silhouettes rectangulaires des wagons ; par moments, vous emporter, et, par moments, vous passer sur le corps.

Les metteurs en scène soviétiques sont passés maîtres dans ces successions de bousculantes images : j'avais déjà éprouvé à Moscou, il y a quelques mois, une impression analogue quand Poudovkine m'a montré, à la Meschrabpom, quelques passages du film *Le Descendant* (qu'il était alors en train d'achever) : un kaléïdoscope torrentiel et formidable de cavaliers au galop. Ainsi, dans l'*Arsenal*, des ruées d'escadrons finissent par vous tourner dans le cerveau, et on n'est pas bien sûr qu'ils ne vous entraînent pas dans leur cyclone saccadé. Et aussi le jeu synthétique des machines de l'usine : toutes les entrailles de fer en tourbillon.

Dojenko, avant de faire des films, faisait des caricatures. Cela est tout à fait normal. Cet animateur a le sens du trait principal, du geste essentiel, du raccourci expressif, et il en fait un usage extraordinaire dans ce film à la fois abondant et schématique qui procède, pourrait-on dire, par bonds et par coups. La plupart du temps, les scènes sont brusquement interrompues pour être reprises après d'autres. Elles sont cassées en morceaux, parfois au milieu d'un geste. Ce divisionnisme précipité entretient le halètement de l'attention depuis le commencement jusqu'à la fin.

Le créateur de l'*Arsenal* tire des effets puissants de l'immobilité. Certaines de ses apparitions restent sans mouvement plus ou moins longtemps, et cela vous heurte comme une pierre, et vous oppresse.

Au début du film, quelques tableaux font voir la misère, la famine, le dénuement semés par la guerre dans les campagnes. A côté d'une porte, contre le mur de sa maison, dans la rue, une femme se tient immobile, toute penchée en avant. Sa tête est cachée par un fichu qui retombe en voile ; elle a l'air jeune, mais, prostrée, elle ne bouge pas. Un soudard apparaît, dont le sabre tape sur les bottes. Il marche le long de la rue, s'arrête devant la forme féminine, y porte la main, lui tripote la poitrine. Elle ne bouge pas. Il passe. C'est tout. Et cette scène terrible est d'une émouvante grandeur.

Autre misère causée par la guerre et par la trop longue absence de l'homme : dans la chambre sombre une femme se dresse. On voit surtout les deux taches pâles de la fenêtre et de sa figure. Elle tient un tout petit enfant dans ses bras. Un soldat — un spectre de soldat — apparaît, passe à travers la fenêtre ou le mur, et lui demande : qui ? Dans d'autres coins pareils, d'autres mères surgissent, et d'autres revenants qui interrogent. Et à la suite de cette série de visions le mot : « qui ? » s'inscrit sur l'écran en ukrainien, en allemand ou en français : Kto ? Wer ? Qui ?

On a souvent parlé de ces lamentables aventures de soldats remplacés à leurs foyers, mêlée banale et déchirante d'amour, de mort et de vie passive : Dojenko en a résumé le poème définitivement, en ombre et en lumière.

Un autre mal : la méchanceté. La mère de famille est au milieu de la chambre, et rêve, égarée. Elle a faim, elle a froid, pour elle, et aussi pour ses enfants qui sont autour d'elle. Dans un coin, plus petit que les enfants, est le père cul-de-jatte, épave rendue par la guerre au foyer. Elle ne dit rien ; les enfants pleurent et tiraillent son vêtement. Dans un champ, un homme, un pauvre manchot qui titube de faiblesse et de faim, conduit un très vieux cheval maigre et bossué. Un souffle de rage, de folie, de cruauté a passé. Voilà la mère qui se met à frapper violemment ses enfants, et l'homme qui se met à battre le vieux cheval si furieusement, à coups de poing et à coups de pied, qu'épuisé, il tombe par terre près de la pauvre bête qui, tranquillement, attend qu'il se relève.

Le train n'obéit plus à ses freins. Les soldats qui bondent les wagons sautent hors du convoi fou. On voit leurs fantômes fumeux glisser l'un à côté de l'autre dans l'espace, comme des bouquets de projectiles, de la vie à la mort. L'un d'eux avait un accordéon dont il jouait pour exciter les camarades. Le joueur d'accordéon s'est abattu par terre, broyé, changé en chose. L'accordéon, lui, a encore, par terre, des mouvements et comme des soubresauts, de sorte que pendant quelques instants le long instrument souple et plissé prend l'apparence d'un organisme qui aurait du sang et des entrailles.

Autre décor : une place publique, une cérémonie officielle, des orateurs, toute la série des têtes bien pensantes qui vocifèrent la démagogie de l'ordre, masques bourgeois monstrueux, fardés d'intellectualisme... Puis aussi, les popes qui pérorent et psalmodient, charlatans pompeux, christs de foire, au milieu de bigotes pâmées qui se frottent à eux.

Sur le champ de bataille, au milieu des fils de fer barbelés est étendu un cadavre de soldat qui rit aux éclats, de toutes ses jeunes dents blanches : Comme l'a écrit Andréas Latzko dans une de ses plus poignantes nouvelles, il faut être fou pour conserver sa raison devant le cauchemar de la guerre. Un autre, encore vivant et vertical, s'est arrêté, et se met lui aussi à rire de toutes ses forces, sur un sommet d'où il contemple quelque pan de bataille. Il est devenu le monstre du rire.

Un autre soldat est en haut d'un mamelon. Il se détache en grand et en noir. Il réfléchit, puis il jette son fusil par terre, et reste là sans rien faire de ses mains. Survient un officier, — quelque officier de Petlioura — grosse tête hurlante dont la volumineuse mâchoire de polichinelle remue avec frénésie, et qui brandit un énorme revolver. Le soldat ne veut rien entendre, les mains ouvertes, il ne bouge pas. L'officier tourne vainement autour de lui en vomissant des menaces. La pose calme et douce, implacable et tendue, de ce soldat, transformé en statue de fer, est d'une beauté quasi sublime. Au tableau suivant, la statue est couchée par terre, au pied du gnome à revolver. On ne voit d'elle que les deux pieds et la pointe de sa baïonnette désaffectée.

L'infirmière écrit la lettre que le soldat blessé, étendu dans l'ambulance, dicte pour sa femme. Il a fini de dicter, il se tait. Elle demande : « Quelle adresse ? ». Il ne répond pas. Il ne répond plus. Il s'est raidi, sa tête est tombée en arrière. L'infirmière reste seule avec, dans ses mains, la lettre perdue.

C'est un intellectuel à barbiche et à cravate d'artiste, un bourgeois grandiloquent et fielleux qu'on a vu pérorer à un autre moment. Ceci se passe après la défaite des ouvriers. Le monsieur tient justement un ouvrier sous son revolver, dans cette salle. Il lui crie : « Marche jusqu'au mur ». L'autre, désarmé, obéit. « Et maintenant, reviens vers moi ! ». L'ouvrier avance pas à pas vers le revolver tendu. Il est si calme, si paisible, que l'autre, à mesure que la victime approche, perd la tête comme au spectacle de quelque chose de surnaturel. Il tremble, il a peur, il ne peut plus tirer. L'autre avance la main, arrache le revolver, et, lui, tire.

Plus tragique encore est l'exécution des ouvriers révoltés. Ici, la sobriété, la concentration du drame dans les silhouettes et dans les décors, dans la simplicité déchirante de l'éclairement, atteignent à la perfection. C'est dans une cave. Un sous-officier, ou un policier, longue capote, visière du képi sur les yeux, mâchoire de brute (pourtant ce fauve n'a pas l'exagération d'une caricature), tient un revolver, et tout en mâchonnant quelques paroles, il le braque et tire posément, une fois, deux fois, cinq fois de suite. Il s'efface et on voit ce qui était vis-à-vis de lui : on voit surgir les martyrs, un à un, devant le mur où quelque soupirail jette une lumière crue : Des ouvriers, têtes mâles et résolues, un jeune aux yeux illuminés, un vieux aux bons yeux et toute sorte d'autres, du type qu'on rencontre dans toutes les usines. Le temps d'un sourire ou d'un cri, et ils s'écroulent chacun d'un seul bloc. Lorsque la lumière revient dans la salle, détruisant sur la toile blanche cette vision, on a l'impression qu'on remonte des abîmes où naissent effrayamment les grands changements sociaux.

C'est l'impression qu'en définitive nous laisse le déroulement total de ce film tourmenté et intense. Une fois de plus, les libres et grands artistes du cinéma soviétique ont fait une œuvre puissamment humaine à côté de laquelle se ridiculisent encore un peu plus les productions de nos grands mercantis d'Occident. Saluons avec joie le nom de ce beau soldat nouveau de l'art fulgurant : Dojenko.

## XIV

### NOUVEAUX FILMS SOVIÉTIQUES

J'ai assisté ces derniers temps en U. R. S. S. à la représentation d'un certain nombre de films nouveaux qui ne sont pas encore projetés devant le public, mais qui ne vont pas tarder à l'être, et dont quelques-uns sont des œuvres de haute et puissante valeur.

Eisenstein m'a amené dans une petite salle du Sovkino pour assister à une répétition générale de son film *La Ligne Générale*, dont il est question depuis plusieurs années. Le sujet de ce film, c'est l'immense drame des campagnes : les nouvelles orientations des masses paysannes vers le travail collectif de la terre. Dans la tête géniale et épique d'Eisenstein, cette donnée dont on a fait dans l'Union Soviétique un si abondant usage, qu'on a répétée sur tous les tons et qu'on a mise si je puis dire, à toutes les sauces — oratoire, littéraire, artistique — est devenue quelque chose de singulièrement majestueux et émouvant. C'est l'épopée pittoresque et entraînante de la communauté de l'effort qui se dessine et éclate sous les yeux, vous attire et vous pousse. Aucun symbolisme : des morceaux massifs de réalité ajoutés bout à bout. Pas de synthèse ni de généralisation d'ordre littéraire. Il y a simplement une unité organique puissante entre les divers fragments du panorama concret qui vous emporte avec lui. C'est d'abord, la misère et la fragilité de ceux qui autrefois, et encore actuellement, s'acharnent à rester chacun dans son petit lopin de terre et à en tirer chacun sa subsistance et celle de sa famille. Leur pauvre calcul est presque toujours déçu. Ils arrivent à n'être que les animaux domestiques du paysan riche, et vaincus par lui ou par les éléments, n'ayant d'autre recours que la prière adressée aux idoles que portent les popes, et qui ne profite qu'aux popes, les paysans isolés voient un beau jour tout leur destin s'écrouler, la ruine s'installer à leur foyer et les en chasser. Mais voici que de grandes harmonies fécondes se dessinent dans les champs. Un réseau de travail s'étend avec une symétrie scientifique sur les étendues terrestres. Les koulaks, la sécheresse ou la tempête ont moins de prise sur ces réseaux agrandis, sur ces ensembles de forces humaines appuyées l'une sur l'autre, et qui font du paysan un géant.

Le travail collectif, qui est beau à voir avec sa vitesse et ses vastes dessins perfectionnés, suscite la récolte, l'arrache de terre et l'amoncelle avec un rythme et une toute-puissance que ne peuvent même pas rêver les fourmis individuelles dispersées.

Tout cela, Eisenstein le montre en une ruée à travers les campagnes, ruée dans le temps et ruée dans l'espace, qui jette nos regards et nos pensées, de l'effort buté et animal des lamentables bipèdes qui tirent eux-mêmes la charrue comme un couple d'enfer, jusqu'aux arabesques harmonieuses des tracteurs et des machines en mouvement sur l'immense théâtre des choses.

Ce film qui ne décevra pas ceux qui avec raison attendent beaucoup de l'auteur du *Cuirassé Potemkine* et d'*Octobre*, a été mis en scène et réalisé sans acteurs professionnels, uniquement avec des paysans pris dans leur milieu et empoignés par l'appareil enregistreur. Ils ont joué leurs rôles soit inconsciemment, soit malgré eux. Il a fallu suivre pendant des mois et des années, et pourchasser la jeune femme qui sert de personnage principal, de pivot vivant, pour tirer d'elle les gestes et les attitudes dont il était besoin et qu'elle contenait « humainement ». Dans le film mis au point, elle a une place capitale et l'action rayonne en partie d'elle. Et pourtant, elle est restée étrangère à l'œuvre, qu'elle n'a jamais comprise (et même elle ne s'y est jamais intéressée). Comme les autres, elle n'a été qu'un instrument passif entre les mains d'un grand réalisateur de vie.

Dans cette même Sovkino, j'ai vu un film tiré d'une nouvelle de moi : *Le Revenant qui ne revient pas.* Je m'y suis vivement intéressé. L'excuse de l'attrait qu'a exercé cette nouvelle œuvre cinématographique sur moi, est que ma collaboration m'y apparaît tout à fait infime. Le régisseur Room et ses collaborateurs ont transformé un bref récit sentimental que j'avais écrit, en une vaste tragédie où la vie des prisonniers américains est décrite avec une intensité de détails prodigieuse. Room a fait édifier toute une prison, qui est une cage monumentale à multiples étages, énorme bâtiment transparent et perfectionné surveillé au centre par une tourelle blindée et tournante où veille un gardien qui promène ainsi continuellement ses yeux sur l'innombrable grillage de la façade. Une révolte de prisonniers et la répression de cette révolte notamment par l'emploi de jets d'eau terribles dont on fouette les cages est d'un effet magistral. J'y ai, quant à moi, applaudi de tout cœur.

L'autre entreprise cinématographique de Moscou : la *Meschrabpom*, a terminé deux films importants ; l'un d'eux, *La Tempête sur l'Asie*, est déjà connu du public non seulement de Moscou, mais de Berlin et de Paris où il remporte un succès considérable.

Ce film qui à Moscou s'intitulait *Le Descendant*, est de Poudovkine, l'émule d'Eisenstein, l'auteur illustre de *La Mère* et de *Fin de Saint-Pétersbourg*. L'œuvre est remarquable pour l'ampleur du développement scénique, la variété sensationnelle des décors. Il s'agit d'un paysan mongol qui, exaspéré par les exactions de trafiquants anglais, se jette dans une guerre de partisans menée dans les montagnes de la Mongolie par des hommes aux physionomies extraordinaires et émouvantes. Les Anglais tentent d'abord de le fusiller, puis, ils estiment conforme à leur politique d'en faire un potentat exotique qui leur obéirait. L'homme, stupéfait et éberlué, se laisse faire tout d'abord, puis il se révolte. Il personnifie, à la fin du film qui s'amplifie et se renforce d'un superbe symbolisme, la guerre à l'étranger spoliateur.

Ce beau film contient un autre élément d'intérêt : une très curieuse reconstitution des somptueuses et étranges fêtes sacrées de Mongolie, cortèges et danses masquées, avec les grands pontifes au complet. C'est la première fois que ces cérémonies sont montrées au public occidental. Il fallait se contenter jusqu'ici de la description écrite de quelques voyageurs. Cette fois-ci, nous entrons en plein dans les entrailles de la vieille tradition somptueuse qui vit encore quelque part dans un secteur de l'Asie démesurée.

D'autre part, la Meschrabpom vient de terminer un autre film, qui est l'adaptation à l'écran du *Mort vivant*, de Tolstoï (metteur en scène : Otzep). La structure de ce film est tout à fait traditionaliste et même « vieux jeu ». Pourtant l'intérêt en est soutenu et la thèse qui se dégage de l'intrigue attire et retient l'attention : le droit pour le mari et la femme de divorcer par consentement mutuel. Mais l'attrait de l'œuvre nouvelle consiste spécialement dans le fait que c'est Poudovkine lui-même qui joue le rôle principal : le rôle du mari qui voudrait se sacrifier et qui, finalement, pour y arriver, doit se suicider. Le grand dramaturge qu'est Poudovkine a, dans ce nouveau métier d'acteur, montré des qualités saisissantes de simplicité et de sincérité. Sa figure grave et profonde, avec son air de jeunesse calme et je ne sais quel reflet un peu étrange, donne d'intenses impressions d'émotion concentrée.

Une autre nouveauté, *Le Canari joyeux* (L. Koulechoff, metteur en scène), constitue un amusant tableau de toute la fièvre de jouissance et d'intrigues qui s'est déchaînée à Odessa pendant l'occupation étrangère, il y a dix ans. Les officiers des armées envahissantes, notamment les Anglais, y sont peints sous des couleurs qu'on pourra trouver sévères, mais que personne ne trouvera excessives. Les nombreuses péripéties d'une aventure quelque peu mélodramatique, mais vraisemblable dans le milieu et à l'époque évoqués, sont rendues avec une assez belle richesse de détails.

Indépendamment des deux grandes marques soviétiques centrales Meschrabpom et Sovkino, il existe des organisations de films spéciales dans plusieurs des républiques de l'Union. Dans l'Ukraine, c'est la Voufkou dont le siège social est à Kiev et qui a des filiales, notamment à Odessa. Le directeur général est Voroviev. La Voufkou est une très grande entreprise et, pour l'outillage, la première de l'U. R. S. S. Le studio et le matériel de Kiev sont sans doute les plus vastes et probablement les plus riches de l'Europe. J'ai déjà parlé à mes amis, et lecteurs, de la dernière création encore inédite, de la Voufkou : *L'Arsenal*, de Dojenko. Je ne reviendrai pas sur cette magistrale production qui donne à la Voufkou une place d'élite parmi toutes les entreprises mondiales de cinéma. J'y ai vu projeter d'autres films avant leur première représentation publique : *Djelma* qui est l'œuvre d'un ouvrier que des dons remarquables ont promu au rang de metteur en scène, Kourdioum, contient de tragiques aperçus de la guerre de partisans dans le Caucase, et un drame plein de visions intenses, sur la lutte au village entre les vieilles traditions de la culture individuelle et l'effort de quelques-uns pour instituer l'exploitation collective de la terre (dans cette deuxième partie, c'est le même sujet que celui de *la Ligne Générale* d'Eisenstein). J'ai eu à Odessa, la primeur de *Au bénéfice du clown Georges*, qui traduit de façon touchante un sujet ingénieux : un clown engagé dans la guerre contre les blancs utilise sa maîtrise spéciale, ses tours de passe-passe et ses tours de force au service de la cause révolutionnaire. Le film se termine par une pathétique apothéose de cet humble soldat qui meurt victime de son audace après avoir tout donné à la révolution, jusqu'à son talent de prestidigitateur et d'illusionniste.

L'auteur du scénario est Radzinski.

A Tiflis, j'ai visité l'installation du cinéma de Géorgie. Cette « fabrique », comme on dit en U. R. S. S., est très vaste, magnifiquement aménagée, et pourvue d'appareils très perfectionnés. Pour l'importance et les moyens techniques, cet atelier cinématographique vient après celui de Kiev, et avant ceux de Moscou. Le directeur m'a fait voir, dans une des salles de travail, deux films documentaires. Le premier est d'ordre historique. Il évoque la période pendant laquelle la Géorgie fut aux mains du gouvernement social-démocrate (1918-1920). Une grande partie des scènes projetées provient purement et simplement du stock des vues prises d'après nature à cette époque par le gouvernement en question. Elles ont à la fois un aspect assez caricatural (notamment la série des fêtes en l'honneur des officiers de l'occupation étrangère) et un caractère strictement documentaire qui leur donne un intérêt intense. Entremêlées de quelques scènes de guerre qui eurent lieu également sous la lamentable domination des menchéviks, elles constituent une puissante arme de propagande dans leur pure et simple objectivité. L'autre documentaire est une série de tableaux représentant les travaux industriels, les constructions d'ordre divers et les initiatives d'agriculture mécanique qui depuis quelque temps ont transformé la Géorgie. Ce film est d'un très grand effet et d'une très haute valeur artistique. Il n'est pas possible de rendre avec des moyens techniques plus parfaits et d'une façon plus saisissante, sous toutes ses faces, l'œuvre de réalisation économique entreprise dans la Transcaucasie.

Le progrès que manifestent toutes ces différentes œuvres, est éclatant. Le film soviétique qui n'avait plus rien à envier aux productions des grandes firmes américaines et américano-européennes pour la technique, les dépasse de toutes parts pour l'intensité, la vie, et l'ampleur de ses réalisations. Eisenstein va aller quelques mois en Amérique pour connaître à fond le travail des Américains et pour acquérir, en changeant d'air, un regain de vitalité. Il ne faut pas néanmoins se méprendre sur ses intentions. Au fond, c'est simple curiosité et condescendance de grand artiste qui n'a plus rien à apprendre. Il reviendra dans quelques mois, et peut-être entre temps fera-t-il un film « individualiste » pour se délasser et pour mieux se reprendre. Les créateurs soviétiques ne peuvent pas et ne veulent pas vivre à l'étranger. Poudovkine, après avoir séjourné quelque temps à Berlin, est rentré à Moscou où il gagne quelques centaines de roubles par mois. On lui a fait pour rester en Allemagne des offres d'un million de dollars — 25 millions de francs. Poudovkine a refusé. C'est là un petit fait que bien des gens, dans nos pays capitalistes, considéreraient comme un acte d'héroïsme !

## XV

### UNE VISITE A CLARA ZETKIN

C'est dans l'asile charmant où elle se trouve de passage que je suis allé voir Clara Zetkin, le jour même où son soixante et onzième anniversaire frappait à sa porte.

Nous sommes à Arkhangelskoié, à quelque trente kilomètres de Moscou, dans une maison de repos. Une maison de repos, c'est une maison où l'on peut travailler en paix. Quant à s'y reposer, cela dépend du caractère qu'on a, et on ne peut pas raisonnablement demander cela à Clara Zetkin.

La voici, installée en plein air devant une petite table. Il y a devant elle des papiers sur lesquels elle a posé des pierres pour qu'ils ne s'envolent pas au vent. Elle écrit. Elle écrit du matin au soir. Elle m'explique que le médecin lui a défendu de marcher plus de quelques quarts d'heure par jour, ce qui fait qu'elle est bien obligée d'écrire le reste du temps, et que la nuit, elle dort mal, ce qui lui permet de penser à ce qu'elle écrira pendant le jour.

Elle n'a pas changé depuis des années : son teint rose, sa figure pleine, l'auréole célèbre de ses cheveux blancs, et sa voix pathétique. La physionomie de la grande apôtre de la Révolution — on peut employer ce vieux mot d'apôtre lorsqu'on le vivifie d'un sens nouveau — est bien connue de la multitude ouvrière de l'Europe centrale et de l'U. R. S. S., où l'année dernière, à l'occasion des fêtes du X^e^ anniversaire, la magnifique carrière de l'indomptable militante fut consacrée par la remise solennelle de la décoration du drapeau rouge. Et les ouvriers de France aussi, la connaissent et l'ont vue.

Et c'est avec une fraternelle vénération que les prolétaires de tous les pays, aujourd'hui, la saluent et lui tendent les mains.

Clara Zetkin s'occupe en ce moment de l'organisation du VI^e^ Congrès de l'Internationale Communiste. Lorsqu'elle aura terminé ce travail, elle se rendra à Moscou, où elle restera pour toute la durée du Congrès.

Après quoi, que fera-t-elle ? Beaucoup d'amis lui conseillent d'écrire ses mémoires. Ce serait toute l'histoire de la vague révolutionnaire contemporaine, avec ses tumultes et ses remous, et ses obstacles bousculés, à travers un noble regard et une âme intrépide. Elle-même est très tentée de le faire. Mais chaque fois qu'elle veut se mettre à ce travail, quelque obligation péremptoire de « directrice de conscience » et de tribun rayonnant, l'arrache à ses projets et la jette dans la lutte immédiate. Et la cause prolétarienne a tant besoin d'elle, que les occasions ne manquent pas !

Non seulement elle ne s'en plaint pas, mais elle cherche même ces occasions d'exercer une action utile par la parole et la propagande directe. C'est ainsi qu'après ce Congrès solennel dont elle sera l'âme, elle songe, pour peu que sa santé ne l'en empêche pas absolument, à aller parler aux masses allemandes, qui ont confiance en elle. « Là, il y a à faire », m'a-t-elle dit, ce qui veut dire, dans sa bouche : « Il faut le faire » et « Je le ferai ! ».

Et combien son esprit est vif, aiguisé, vivant, combien elle s'intéresse d'une façon intense à tous les détails des événements actuels et à la grande lutte déclenchée dans le monde entre la réaction encore si puissante et vorace, et la révolution en marche !

C'est parfois un souvenir qui remonte du passé ancien ou récent : elle me raconte les péripéties de son dernier voyage clandestin en France, et comment presque par miracle, elle a pu se rendre au Congrès de Tours. Elle n'a pris aucune précaution extérieure. Elle a débarqué à Paris à la gare de l'Est sans faire attention aux policiers qui étaient là pour l'épier, sur le bruit de sa venue. « Je n'étais pas déguisée : j'avais la robe et le chapeau que j'avais habituellement et avec lesquels on me connaissait. J'ai traversé la cour de la gare tout tranquillement, en bonne bourgeoise, je suis montée dans un taxi... Je pense qu'avec du sang-froid, du calme, on dépiste mieux les policiers qu'avec des masques. Malheureusement, les camarades chez qui je me suis rendue n'étaient pas là. Cela a compliqué la situation, qui s'est surcompliquée quand il s'est agi d'aller à Tours et d'en revenir. J'ai été cachée pendant plusieurs jours chez un camarade, à Paris, et je suis repartie sans encombre, à la grande fureur du service de la sûreté qui s'était bien juré de mettre la main sur moi. »

J'ai parlé avec Clara Zetkin de la lutte intensifiée que nous entreprenons contre le fascisme international, du Comité Antifasciste International, et enfin d'un projet que j'élabore actuellement : l'organisation d'une grande manifestation antifasciste.

Elle a approuvé spécialement ce projet qui nous permettra de centraliser et de mobiliser d'une façon plus méthodique les forces éparses contre le fléau. « Il faut, dit Clara Zetkin, faire un effort suprême contre le fascisme. Bien qu'il se développe partout terriblement, il faut le considérer non comme une preuve de la force de la bourgeoisie, mais au contraire comme une preuve de sa faiblesse. L'infanterie, la cavalerie et l'artillerie dont elle dispose par l'intermédiaire des gouvernements domestiqués ne lui paraît plus suffisante pour la protéger, et elle a recours à des forces plus directes et plus sûres. C'est son dernier sursaut, sa dernière chance qu'elle risque, en faisant donner ses bandes de brigands sur le champ de bataille du travail et en introduisant des persécutions du moyen âge dans l'organisation sociale. »

Et nous parlons de bien d'autres choses encore, de la lutte d'hier, de celle d'aujourd'hui, et de celle de demain, de l'œuvre et des tâches de la M. O. P. R...

Il n'est pas de figure plus haute parmi les dirigeants révolutionnaires que celle de cette femme dont toute la vie fut un exemple éclatant et enflammé et qui semble puiser merveilleusement de nouvelles forces dans le besoin qu'on a d'elle, en cette période historique émouvante où nous sommes : Ce passage du vieil ordre au nouvel ordre de choses.

Nous tous, prolétaires et intellectuels révolutionnaires, camarades, frères, ou sympathisants, nous célébrons dans nos cœurs la glorieuse vieillesse de Clara Zetkin et son éternelle et précieuse jeunesse.

# XVI

## RÉFLEXIONS FAITES A MOSCOU (1)

Tout le monde a crié : bravo ! devant la maîtrise, l'énergie et l'héroïsme des hommes du *Krassine*, et de Tchoukhnovski. Moi aussi ! Et je ne dérangerais pas les lecteurs des *Izvestia* pour leur annoncer que je prends part à un applaudissement aussi universel, si l'émouvant événement polaire n'avait provoqué en moi une certaine surprise qui vaut d'être notée.

Ce n'est pas celle qu'on pourrait croire. Je n'ai pas été étonné par l'exploit des navigateurs et aviateurs soviétiques, mais, bien au contraire, par l'étonnement qui s'est mêlé un peu partout, et d'abord en France, à l'enthousiasme. L'accent même de cet enthousiasme me plonge dans un tas de réflexions.

(1) Article publié par les *Izvestia*.

Pour être magnifique, le fait lui-même est fort simple. Si l'expédition de l'*Italia* n'était pas très sensée, le sauvetage des survivants dans les conditions où il s'est effectué, était logique — et si nos camarades en sauvaient d'autres, ce serait également très logique.

La vertigineuse prouesse où nous mêlons les noms de Tchoukhnovski, de Babouchkine, de Samoloivitch, prouve quoi ? D'abord que le gouvernement de l'État Ouvrier a passé aux actes, puisque des hommes, qui sont des soldats soviétiques, ont payé de leur personne, — parce qu'il y avait une œuvre de solidarité humaine à accomplir. Ils ne se sont pas arrêtés, pour rouges qu'ils fussent, à tout ce que l'impérialisme et le fascisme avaient pu agrémenter de panache, d'accessoires de théâtre et de bibelots de publicité, une expédition polaire. Ils ne se sont pas arrêtés à ce détail : la hâte et la négligence toutes politiques, hélas, avec lesquelles l'expédition de Nobile avait été lancée dans les espaces glacés. Ils n'ont guère considéré combien la préparation technique du terrible voyage avait été sacrifiée aux exigences urgentes de la réclame de la firme mussolinienne, et de l'affichage du drapeau néo-italien sur les banquises — et ils ont risqué mille fois la mort pour aller repêcher quelques morts qui remuaient encore un peu, et les ressusciter. En ramenant dans le ciel plusieurs de ces naufragés du ciel, ils ont diminué le nombre des crimes des responsables officiels ou officieux de l'entreprise.

Leur coup de force et d'audace calculée, a éberlué une partie de la vieille Europe. Mes pauvres compatriotes d'Occident ne savent pas encore que les soldats soviétiques ne sont pas des soldats comme les nôtres : ce sont des soldats dont le but est justement de sauver des gens, et il nous est bien difficile et bien dur, là-bas, de constater loyalement que l'image de l'Homme au couteau entre les dents n'est pas une photographie.

Aussi voyons-nous des journaux beaucoup trop serviles pour ne pas refléter l'opinion courante, manifester une approbation stupéfaite, comme tel grand journal théâtral parisien qui, se croyant aussi bien renseigné sur les coulisses de la grande actualité mondiale que sur celles des music-halls, écrit : « Cette heureuse expédition du *Krassine* fait et fera dans le monde la plus vive impression. N'est-ce pas un peu là la rentrée dans l'humanité de la Russie, la rentrée du régime soviétique dans les sentiments et les mœurs de la sociabilité ? ». Ce beau pathos qui serait outrageant pour ceux dont il parle, s'il ne ridiculisait pas avant tout celui qui parle, nous traduit donc le sentiment d'une portion du public : voici les sauvages soviétiques qui rentrent dans la civilisation. Ils se rachètent. Ils mettent les pouces. Au moment de l'institution de la N. E. P. on avait déjà espéré ce bon mouvement de leur part, mais ça n'avait été qu'un vain espoir... Maintenant, il n'y aura plus de témérité et de courage à se promener dans l'U. S. sans escorte comme l'a fait l'autre année M$^{me}$ Andrée Viollis qui a intitulé vaillamment son livre : *Seule en Russie!* Et on sait presque autant de gré au pouvoir ouvrier que s'il avait sur le marché capitaliste, vendu le socialisme pour avoir la paix.

Mais l'affaire du *Krassine* prouve encore autre chose. Elle atteste que les gens qui dans l'U. R. S. S. conduisent des brise-glace et pilotent des avions, connaissent admirablement leur métier, que ce sont des as, des héros perfectionnés, et aussi qu'ils ont à leur disposition des appareils et un outillage de premier ordre ; que l'aviation soviétique est puissante et prête, et capable de faire tout aussi bien et même mieux que n'importe quelle autre aviation, dans n'importe quelle circonstance.

Cela aussi a causé quelque abasourdissement.

Voilà que cette célèbre opinion publique, qui résiste si mal au vent, et qui a pour spécialité de découvrir de temps en temps l'Amérique, se met en devoir de découvrir la Russie nouvelle!

Il a fallu que tombe du ciel cette aventure tragique et superbe de dirigeable et d'avion, pour qu'on se résignât à savoir que dans l'ex-empire des tsars, il y a des hommes de cœur et de tête, et des techniciens qui sont à la hauteur des éventualités, et un grand peuple qui est fort et solide — et pour qu'on se rendît compte de ce que c'est que le cœur rouge de Moscou.

C'est un peu de la même manière qu'il a fallu l'assassinat de Mattéotti pour qu'on se rendît compte que Mussolini était Mussolini. Je parle du fascisme comme je parlerais d'autre chose, et parce que dans cette affaire, c'est lui qui a commencé si l'on peut dire ; mais le geste des soviétiques n'a nullement eu pour but d'agiter une faucille et un marteau à l'encontre de la croix et de la bannière mobilisées par Nobile. La question fascisme-bolchevisme se discutera ailleurs et se règlera d'autre façon. Dans l'occurrence, nous ne voyons que des soldats qui ont fait leur devoir d'hommes, et une démonstration éclatante de la force et de l'organisation soviétiques.

Mais il y a par-dessous les vagues élites qui

font les journaux et qui traduisent l'errante pensée publique dans les pays de dictature bourgeoise, toute une masse qui commence à savoir ce qui en est du nouveau continent installé sur le vieux continent. Et pour ceux-là, l'histoire du *Krassine* et de ses embarcations ailées n'est pas un miracle : tout cela est dans l'ordre.

C'est ce public dont l'opinion est surtout utile pour le bon agencement de l'avenir.

# XVII

## ENTRETIEN AVEC GORKI

C'était la première fois que je le voyais. On avait travaillé ensemble, parfois, de loin, mais on ne se connaissait personnellement, si je puis dire, que par lettres.

Il m'est apparu (et nous nous sommes serré les mains et embrassés), sur le perron de la villa, parmi les colonnes blanches et dans les entrecroisements linéaires de la belle lumière du soir et du reflet azuré du grand parc.

Pour quelques jours, il habite cette ex-demeure aristocratique transformée en maison de repos, à quelque quarante kilomètres de Moscou. (La villa fait un îlot rouge sur une colline d'un vert épais ; elle est ample et cossue, mais pas mal gâtée par le mauvais goût de son ci-devant propriétaire, amateur de modern style et qui en a placardé partout.) Là, Gorki reprend haleine, après la réception que lui a faite le peuple soviétique loin duquel il avait vécu depuis des années, et l'on peut difficilement, ailleurs qu'ici, s'imaginer l'ampleur unifiée, et l'enthousiasme de cette série de fêtes. Moscou est encore frémissante des ovations qui ont retenti autour du plus grand écrivain russe revenu au bercail ; son portrait y brille aux vitrines, se dresse gigantesque, en bleu vif, sur des portants hauts comme des décors de théâtre, et flotte au vent avec une phrase de salut se répétant aux yeux, sur des banderoles qui traversent les grandes voies.

Nous sommes venus le voir ensemble — quelques amis : Khalatov, le directeur des Éditions d'État (la plus vaste maison d'édition du monde : elle a sorti cette année, 80 millions de volumes) ; Khalatov a naguère réorganisé les chemins de fer de l'U. R. S. S. et fait bien d'autres choses encore ; il a une magnifique figure biblique au teint fauve et à la barbe aussi noire que ses yeux d'Arménien, que le bonnet d'astrakan, et la veste de cuir, avec lesquels je l'ai toujours vu. Stiépanov-Skvortsov, le directeur des *Izvestia,* un homme droit et strict, à la taille de grenadier, au col militaire ; tête rase, œil bleu, belle grosse moustache et belle grosse voix ardente. Ganietsky, un des piliers de la Tséka (Comité Exécutif Central). (Ces hommes-là sont des travailleurs formidables qui ont chacun un si grand nombre de directions importantes en main, qu'on ne peut pas se risquer à les énumérer). Damian Biedny, personnage monumental aux yeux fins : publiciste et poète populaire (très populaire), et homme d'esprit célèbre. « Si vous compreniez ce qu'il dit, me dit spirituellement un camarade, vous regretteriez encore plus que vous ne le faites, de ne pas comprendre le russe ». Et beaucoup d'autres qui, sur le perron, s'agitent, avec leurs jambes s'ils sont debout, avec leurs bras, s'ils sont assis : parleurs, remuants et joyeux, comme tous les gens d'ici.

Gorki qui est là, assis en face de moi, me fait cette première impression que j'exprime naïvement en disant : *Il n'est pas très ressemblant*. La physionomie d'Alexis Maximovitch, sa physionomie actuelle tout au moins, est assez déformée par les dessinateurs et notablement trahie par les photographes, qui se bousculent autour de lui. Il ne rappelle qu'assez vaguement ses innombrables portraits. Il est beaucoup plus affiné que ses sosies qui circulent sur le papier dans l'univers. C'est un long corps mince qui fait de grandes pliures quand il est dans un fauteuil ou sur une chaise, et qui porte très haut les deux angles de ses épaules et une petite tête aux cheveux blonds à peine grisonnants. Sa moustache gauloise, blonde et tombante, est bien celle que tant d'effigies ont rendue fameuse, mais tout autour, le masque est ravagé, amaigri, et resserré. Le teint est mat et clair, et aucun mot ne saurait rendre l'extraordinaire luminosité des yeux bleus.

Il ne parle pas le français : il sait juste me répondre : « *non* » quand je le lui demande — en français. Il le lit cependant quelque peu : en ce moment même, avant de parler, il a pris le dernier numéro de *Monde* dans ses minces doigts nerveux, et ayant mis ses lunettes sur ses admirables yeux presque phosphorescents, il le parcourt, lit les titres, des phrases, des passages. Il a appris l'italien, mais il le parle assez mal, m'a-t-on assuré. Sa puissante originalité russe accapare son langage et ne veut pas de partage dans cette section-là.

Puis il répond aux questions. Qu'est-ce qu'il fait ici ? C'est un entr'acte de quelques jours ; il se repose ; il rassemble sa documentation. Il va aller en Ukraine, puis dans le Caucase, puis à Nijni-Novgorod, sa ville natale. Écrit-il ?

Oui, mais, pour le moment, pas des livres : des impressions, des articles. Retournera-t-il à Sorrente ? Oui. Reviendra-t-il ensuite définitivement dans l'Union ? Peut-être.

Son état d'esprit, son impression première ? *Il a été bouleversé.*

Il recevait en Italie où il avait depuis de longues années élu domicile, un abondant courrier de Russie. Il lisait les journaux, il était au courant de ce qui se passait. Mais il savait sans savoir : la preuve, c'est qu'il n'a plus rien reconnu quand il est arrivé ici. Il a pourtant ouvert tout grands les yeux, il s'est tourné de tous les côtés, il a interrogé à la ronde ; il a parlé à tout le monde et devant tout le monde. La presse soviétique a enregistré cette active et infatigable curiosité qui s'est attachée à tous les détails, à tous les événements et fragments d'événements, à tous les avis, et à toutes les opinions : « Il regardait dans tous les yeux », constate Boris Voline dans un pittoresque et méticuleux article consacré au retour de ce voyant dans sa patrie.

Donc, pour lui, la caractéristique de la Russie actuelle, c'est un grand changement, un changement énorme et profond. C'est au point que les décors mêmes, les grandes choses immuables, lui apparaissent autres que ce qu'elles étaient. Je lui vante la charmante majesté des villages qu'on traverse pour venir de Moscou jusqu'ici : les bords de la grande chaussée tracée à travers la plaine deviennent verts et touffus sur quelques centaines de mètres, et à travers les feuillages, de chaque côté de la route, se dessinent des rangées d'enclos et de maisons de bois — flancs en madriers ronds, comme les chalets suisses, et fenêtres à encadrements de bois découpé et festonné, le tout peint de blanc, de bleu, de vert, de rouge, de couleurs aussi vives que les serre-tête des femmes aux pieds nus et que les blouses des hommes bottés. De temps en temps, une église, la plupart du temps peinte, comme les isbas, et des cortèges de corbeaux : les noirs aux ailes découpées comme des placages de mains noires sur le ciel, les bicolores qui ont un petit maillot café au lait, sont frangés de noir, et ressemblent autant à des mouettes qu'à des corbeaux.

Il dit doucement :

— Je n'ai pas reconnu non plus les champs et les oiseaux, que je connaissais si bien.

Il n'a pas reconnu Moscou que pourtant il connaissait si bien aussi. Sans doute, la silhouette de la capitale s'est réellement modifiée, et sans compter tout ce qui s'y est rebâti depuis quelques années sur des décombres, il y a maintenant bon nombre d'immenses bâtiments aux faces géométriques, d'une beauté magistrale et unitaire de machine, comme le Central Télégraphique, la Maison des trusts, celle de la coopérative Mosselprom, l'Institut Lénine, les Izvestia, et d'autres architectures cubiques et démesurées, de verre et de ciment armé.

Mais ce n'est pas cela qu'il veut dire lorsqu'il parle de changement. Il aurait tout de même retrouvé Moscou à travers ces spacieuses façades d'épures, mais c'est l'atmosphère, ce sont les gens, c'est la vie qu'il n'a pas retrouvés. Le changement lui est apparu sous la forme d'un *rajeunissement*. C'est là le mot qu'il répète sans arrêt, le leitmotiv de ses sensations de revenant. Il dit :

— Je suis arrivé en Russie plus fatigué et plus vieux que je ne le suis maintenant. Tout ce que j'ai vu m'a rajeuni.

Il parle du « visage jeune et brave », du « regard indépendant et assuré » des édificateurs nouveaux (c'est là aussi l'expression qu'il emploie). Il explique qu'il a été entouré « d'une atmosphère d'énergie, et de création intelligente et sainte ».

Cette jeunesse a rejailli sur lui : « Leur énergie est contagieuse. » Elle est devenue, en lui, de l'enthousiasme et de l'émotion. Parfois cette émotion lui coupe la parole. Il aimerait mieux écrire que dire, tout cela, parce qu'il n'emploie pas les paroles qu'il faut : sa main est plus fidèle traductrice, et inventeur de meilleur aloi que sa bouche.

Il lui semble que cette foule qu'il admire et qu'il aime, et dont le souffle pénètre en lui, ne se rend pas compte de ce qu'elle est et de ce qu'elle a fait, et il constate que quand on vient de loin, comme lui, et qu'on se met soudain en contact avec elle au milieu des réalisations qu'elle a amassées de ses mains, au milieu de tout ce qu'elle a conquis, au milieu de sa marche et de sa discipline de travail, on subit une impression beaucoup plus forte et beaucoup plus juste que lorsqu'on y a été toujours mêlé.

Cette réaction d'une âme et d'un esprit qui connaissait si bien les Russes et la Russie, et qui connaît si bien les hommes, — et qui ne revenait pas du fond des âges, mais d'une absence de quelques années, — est importante et émouvante à recueillir. Elle s'exerce en profondeur. Contrairement à la coutume des annotateurs de pittoresque qui viennent en Russie soviétique pour entasser des détails sous forme de livres, et mener avec une nouvelle marchandise leurs petites affaires littéraires, il démêle la cause, le vaste moteur, l'orientation, l'ensemble. Tout le reste disparaît devant cela. Il voit bien les défauts et les lacunes, lui qui voit tout, mais son regard est celui d'un grand homme sur une grande chose, et il conclut : « Les masses soviétiques en mouvement, c'est l'événement le plus beau et le plus important de la terre. » Son appréciation a comme une ampleur historique.

Il parle du vieil homme qu'il était, et qu'il reste encore un peu, et aussi de l'homme nouveau, cet « homme nouveau » qu'un des esprits les plus brillants et les plus lucides, et un des meilleurs ouvriers, de la Russie actuelle, Lounatcharsky, a pris à tâche de définir et dégager.

L'homme nouveau, dit Gorki, est un homme qui s'est « rajeuni de l'intérieur ». On parlait autrefois, avec raison, du Russe « au corps mou », et cette expression proverbiale s'appliquait à la nonchalance, à la résignation foncière, de la race russe domestiquée. Ce type d'hier a disparu. L'homme nouveau est un lutteur : « Il accumule des forces intellectuelles », il s'empare du savoir et, ce qui est plus, des idées générales claires et nettes. Il acquiert la conscience sociale et la notion de son rôle dans l'ensemble. C'est sa tête qui travaille, mais c'est aussi son cœur, dans cet accomplissement de la révolution. La révolution est une force logique, mais c'est aussi une force harmonieuse et morale. Elle est nourrie par la réflexion et l'enthousiasme : les deux à la fois, parce que c'est une force vivante et que la vie est une et ne se partage pas en deux parts entre la tête et le cœur.

Sans doute, ces deux mobiles individuels présentent de grands contrastes. Il y a, souvent, d'irréductibles contradictions entre les logiciens et les sentimentaux ; il y a même, ce qui est pire encore que la divergence, un perpétuel malentendu entre ces deux catégories d'êtres : Ils ont l'air parfois de penser les mêmes choses, parce que parfois ils emploient les mêmes paroles ; mais cela n'est pas. A notre époque où tout est remis en question, et où on est bien forcé de voir de haut en bas les grands problèmes, on trouve partout des traces de ce conflit entre la raison et le sentiment, qui est, en somme, le fameux conflit classique du rêve et de l'action, posé par Hamlet devant le tribunal de l'opinion publique universelle. C'est aussi la lutte entre la théorie et la pratique, entre l'abstrait et le concret, et enfin, entre l'individualisme et la discipline.

En réalité, il ne faut pas qu'il y ait de lutte. On est en présence de deux faces de la vie, et non de deux principes diamétralement opposés. Ils deviennent utopiques l'un l'autre s'ils prétendent être exclusifs. Il faut un dosage. Il faut aussi un ordre : la logique d'abord, la sensibilité après ; le plan, et ensuite, l'enthousiasme. Ni la bonne volonté, ni les bons sentiments, ni la ferveur ou l'esprit de sacrifice, ne suffisent pour construire une société nouvelle. Pour construire quoique ce soit, il faut une technique de travail. Mais l'enthousiasme qui n'est qu'une force motrice gaspillée si elle n'est pas organisée par une doctrine, est utile et peut même être indispensable pour poursuivre une tâche.

Peu d'êtres ont pu sans défaillance mesurer ce que dans une œuvre d'édification révolutionnaire, qui commence par la destruction et la guerre, et qui continue par l'effort constructif et la lutte — il faut apporter et de théorie rigide, et de réalisme souple. Lénine a été un de ceux-là. On peut dire qu'il a donné à la théorie et à la pratique un seul corps, et fait entrer l'abstrait dans le concret. Gorki a été, à un moment donné, quelque peu bousculé par l'énormité de Lénine. Il n'a pas du premier coup trouvé la voie. Il était de cœur avec la révolution, mais il ne la comprenait pas intégralement. Révolté plutôt que révolutionnaire, ayant manipulé génialement la maladie et la blessure de la misère et de l'exploitation, il a poussé des cris de colère, et il a considéré parfois que la prise du pouvoir par les esclaves du capitalisme était une juste vengeance, ce qui n'est pas la manière dont s'expriment ceux qui ont fait la révolution d'octobre : ce n'est qu'un équilibre, que la montée d'une force naturelle, bridée jusqu'ici par des moyens artificiels, et qui reprend sa forme et sa place normale.

Il n'y a pas deux vérités. Il y a uniquement celle qui est mêlée à la réalité comme la vie est mêlée à la nature. Cette vérité-là, à laquelle nous hésitons à donner son nom, de crainte qu'on fasse une idole abstraite avec un mot, est elle-même, vie et nature. La sensibilité droite la montre telle qu'elle est aussi bien que le raisonnement pur et la perspective scientifique. C'est la synthèse de ces deux forces à laquelle il faut arriver. Il faut non seulement qu'elles co-existent mais qu'elles soient étroitement unies. Tant qu'on n'y arrive pas, tant que ces deux besoins, avec leur poussée intérieure, ne s'ajustent pas, on est pris comme dans un étau. Les tolstoïens, avec leur anarchisme sentimental et leur credo qu'ils ne savent pas limiter avec des lignes ni endiguer dans le monde comme un courant utile, avec leur orgueil amer de législateurs moraux mis au rancart par la mêlée contemporaine, en souffrent, ils piétinent sur place, ou tombent dans le pessimisme, ou s'accrochent à l'au-delà et s'adonnent au spiritisme divin, pour trouver une base concrète à leur idéalisme sans base dans le réel. Et ils sont de plus en plus jetés en marge de l'histoire qui continue.

Par ailleurs, je me rappelle le débattement d'Anatole France vieilli : (je me suis, autant que j'ai pu, mêlé à cette crise). Sa prodigieuse intuition d'artiste dégageait les contours grandioses de la révolution russe. Mais il n'avait plus assez de force pour donner corps à son admiration étonnée. Il était trop paralysé par d'antiques habitudes et par l'emprise du catéchisme libéral superficiel qu'il s'était répété pendant plus d'un demi-siècle, pour atteler sa sensibilité à sa clairvoyance, et aller de l'avant.

Gorki, lui, a franchi ce stade. Son envergure d'homme, son instinct d'artiste plus ample, plus impérieux, plus forcené, l'a sauvé. Du reste, il a toujours été très près de la révolution. Maintenant, il voit partout dans la vie, passer l'esprit de Lénine.

— Si les masses russes ont accompli leur besogne de rénovateur, et y persistent, c'est qu'elles ont suivi l'esprit de Lénine. Lénine revit dans le collectif. Ceux qui l'ont connu personnellement le reconnaissent.

Maxime Gorki insiste sur le rôle de la personnalité dans l'ordre de choses neuf : Le communisme, loin de la ravaler, l'exalte !

— Les adversaires du communisme prétendent que le socialisme intégral crée des automates, des gens « d'individualité grise ». Non, ici tout bouillonne et tout brûle. Ce qui me frappe, c'est que dans l'État soviétique, les gens reçoivent une individualité intense. Nous assistons à l'accroissement de la personnalité. Autrefois, pressurés et exploités, les gens criaillaient ; maintenant, ils parlent tous à belle voix haute.

Il était intéressant de connaître l'opinion de Gorki sur cette *autocritique* dont on parle tant actuellement en Russie. Elle est tout à fait à l'ordre du jour par suite de la décision des dirigeants politiques de lui donner le plus large développement.

Gorki fait des réserves sur la propension qu'ont les militants et dirigeants soviétiques, à critiquer leur propre travail. Ces réserves ne portent pas sur le fond, mais sur la forme de cette critique. On est habitué ailleurs à ce que j'appellerai une séparation des pouvoirs : celui qui réalise et celui qui apprécie. Gorki admet qu'ils soient organiquement liés. Mais il n'admet pas le caractère agressif que prend parfois en terre soviétique l'appréciation du travail théorique et pratique, ni la violence des attaques personnelles résultant de ce devoir de s'ériger en juges. Déjà, dans son asile de Sorrente, il était surpris par les échos de ces disputes aiguës. Son opinion, depuis, n'a pas changé, et tout en reconnaissant qu'il ne faut jamais désarmer contre certaines tendances dangereuses, comme la bureaucratie et les réviviscences, cramponnées à nous, du vieux monde, il ajoute : « Il ne faut pas que nous soyons intimidés par nos défauts et nos fautes. Cette mise au point fait partie intégrante du travail, mais ce n'est pas une raison pour crier l'un sur l'autre et se griffer. La virulence du langage vous glace et vous ramène en arrière. » Il est plutôt enclin à penser que le peuple russe se sous-estime — en tout cas, qu'il ne se rend pas compte de toute l'amplitude de la réalisation socialiste ébauchée, que l'autocritique débordante et les âpres discussions intérieures aboutissent en fait à un certain dénigrement, et que l'étranger, qui a vis-à-vis de cette réalisation, de ses méthodes et son rythme, une ignorance sauvage, en subit une impression défavorable.

Maxime Gorki a un grand projet, qui prendra vie sous peu : une revue mensuelle, intitulée *Nos Réalisations*. Ce périodique sera purement documentaire et aura pour but d'éclairer une opinion publique ignorante et hostile, mais aussi et surtout, de donner à tous les travailleurs russes conscience d'eux-mêmes :

— Il m'apparaît indispensable de créer un organe qui reflète comme un miroir toutes les manifestations de notre travail : indispensable, parce qu'il me semble que nous ne voyons pas avec une suffisante netteté ce que nous avons fait, dans cette U. R. S. S. et dans ce Moscou où chaque homme marche aujourd'hui d'une autre façon qu'il y a dix ans.

Nous abordons un autre sujet : l'art nouveau, la littérature prolétarienne. C'est là une grande question qui mène l'art et la vie sociale sur les voies neuves désormais ouvertes. J'explique à Gorki qu'un des buts de *Monde* est de dégager ce mode nouveau d'expression de l'homme nouveau, de celui dont il vient de dire : « Même lorsqu'il fait de petites choses, il travaille à une grande chose ». L'art qui sortira de la terre elle-même et des multitudes elles-mêmes, sur la glèbe des champs ou sur le pavé des villes, rénovera par son énorme santé, par la droiture et par la force de son mouvement, la vie artistique de l'humanité. Parmi ce grand souffle qui commence, parmi cette vague de fond qui germe, que deviendront nos littératures raffinées, décadentes et inconsistantes, à la mode dans nos riches sociétés finissantes ? Des bibelots. Quand j'ai reçu dernièrement, en tête de la population de Moscou, à son arrivée en gare, Bela Kun, échappé aux griffes hongroises, je l'ai salué au nom du Bureau International des Écrivains Prolétariens, parce que dans le temps qu'il a été au pouvoir, il s'est efforcé de donner sa large place à l'art venu d'en bas, et il a fait la guerre à la mauvaise littérature bourgeoise en vogue alors comme aujourd'hui, là comme ailleurs, et qui a tous les luxes et tous les vices de la décadence. C'est cette lutte entre ce qui exprime le vieil ordre de choses, et ce qui exprime la nouvelle vision humaine, que nous voulons mener.

Gorki approuve hautement ce programme, auquel il collaborera avec joie. Mais il est bien entendu que cette vaste campagne qui commence s'accompagnera d'un effort opiniâtre en vue de l'éducation, de l'enrichissement intellectuel, de la documentation, des nouveaux soldats de l'idée. Pour cette bataille comme pour toute autre, il faut être bien armé. Il me demande ce que je pense de cette abondante littérature biographique rétrospective qui fleurit en ce moment en France. Je lui donne mon point de vue :

— Par elles-mêmes, ces œuvres, qui pullulent en effet chez nous, valent ce que valent leurs auteurs. Mais cette abondance est un signe de pauvreté. La littérature bourgeoise est une littérature de déclin. Elle n'a rien à dire, parce qu'aucune idée et qu'aucun idéal ne la dirige. Elle ne fait que répéter d'une façon plus ou moins perfectionnée ce qu'elle a déjà dit, que chercher de nouvelles facettes à l'égoïsme sentimental qu'elle a si souvent décortiqué et exploré, et que renouer les intrigues qu'elle a déjà nouées tant de fois. Elle ne peut pas se tourner vers l'avenir où il n'y a rien pour elle ; elle se tourne vers le passé et pêche à tâtons dans le rétrospectif. Elle marque le pas et tourne en rond.

— C'est vrai, dit Gorki, pourtant ces œuvres sont utiles au point de vue documentaire, et il faut, avant tout, s'instruire. Mais, sans aucun doute, le peuple neuf doit créer ses écrivains, et il les créera.

Il entrevoit tout d'abord, pour les jours qui viennent, une littérature de combat :

— La littérature doit être plus révolutionnaire que jamais. Elle doit rechercher les traits essentiels de l'homme nouveau, et instituer une critique artistique de l'actualité. On doit passer au crible, sans pitié, nos petits bourgeois actuels, type haïssable entre tous (je me mets en colère lorsque j'y pense !). Ils sont malins et dangereux, ils pénètrent dans tous les petits trous, ces menus bourgeois nouveaux. Ils sont maintenant plus organisés qu'auparavant, plus nuisibles qu'au temps de ma jeunesse.

Avec son flair d'artiste, il sent ce que les organisateurs révolutionnaires ont vu et prévu par le moyen de leur analyse léniniste : la résistance opiniâtre du koulak et du petit producteur, « de ce résidu, de ce déchet de la révolution, qui veut bien vivre, bien dormir, manger des pâtés, et vaquer à ses chers petits plaisirs ». Sur le plan littéraire, cet obstacle humain se dessine.

— Entreprendrez-vous cette lutte vous-même ?

Sa réponse est un peu évasive (peut-être, simplement, modeste) :

— Mon œuvre reste celle d'un écrivain de mon temps, de ma génération. Nous avons chanté la messe et clôturé l'histoire, d'une classe qui s'en va, et disparaîtra à jamais. Nous avons fait de la littérature de liquidation. Mais voici d'autres forces qui accourent pour lutter contre la petite bourgeoisie, et édifier l'homme qui marche fermement, d'aujourd'hui à demain. Les cadres nouveaux s'agrandissent. Les « correspondants ouvriers » que les grands journaux prolétariens ont dressés, en demandant à leurs lecteurs d'être des collaborateurs, ont déjà depuis peu de temps donné des centaines de journalistes et d'écrivains de mérite. Croyez-moi, dit Gorki, dans cinq ans, toute la littérature russe sera occupée, et brillamment occupée, par les correspondants ouvriers.

Mais il insiste sur la nécessité de donner à ces nouveaux venus le maximum de culture et d'en faire des techniciens littéraires : Pour placer les mots à leur place et d'après les règles, pour travailler avec l'outil qu'on trempe dans l'encre, il faut faire un apprentissage comparable à celui que fait le serrurier pour travailler le fer.

— Dans les lettres que je reçois des correspondérants ouvriers (en Italie j'en recevais dix par jour), il y a des fautes d'orthographe et il y a du talent. Laissez passer deux ans, et les signataires de ces lettres ne feront plus de fautes, il ne leur restera plus que le talent, et ce seront des écrivains qualifiés.

Ce que va faire désormais Gorki, il ne peut pas actuellement le préciser. Ce qu'il sait, c'est qu'il travaillera pour la grande communauté laborieuse qui s'est installée depuis dix ans sur les ruines de l'empire des tsars. Lénine avait déjà annoncé que Gorki, « le plus grand représentant de l'art prolétarien, qui a fait tant pour lui », était appelé « à faire davantage un jour ». Et Maxime Gorki, par l'orientation et l'effusion de toute sa vie de travail, et, d'une façon plus immédiate, par cette force d'espoir et de confiance, par cette reconnaissance et par cette volonté qu'il vient de puiser au contact des siens, se vouera de plus en plus à servir, et à illuminer leur œuvre.

## XVIII

### QUELQUES MOTS DE CONCLUSION SUR LA « VÉRITÉ SOVIÉTIQUE »

Certains aimables correspondants, bien disposés d'ailleurs à mon égard, s'offusquent de la perpétuelle approbation que je décerne à l'U. R. S. S. ou que *Monde* lui apporte.

« Pourquoi ne parlez-vous, vos collaborateurs et vous, de l'U. R. S. S., m'écrivent-ils, que pour célébrer ses louanges, et jamais pour formuler des critiques ? »

Ces correspondants voient un parti pris dans notre attitude concernant une question qui intéresse de façon si intense une si grande partie du public. Car il est peu vraisemblable, remarquent-ils, que tout soit parfait dans l'État soviétique, et qu'il n'y ait aucune réserve à formuler.

Expliquons-nous une bonne fois sur ce sujet et tâchons de dissiper toute équivoque là-dessus entre nos lecteurs et nous.

Nous l'avons dit et nous le répétons : notre attitude concernant l'Union Soviétique ne nous est imposée par aucune obligation de principe. Si nous présentons systématiquement une image favorable de la nation nouvelle, ce n'est nullement parce que nous estimons qu'il est de notre devoir de le faire en raison de la valeur et de la portée que nous attachons personnellement aux conceptions sur lesquelles cette nation est bâtie. Encore moins obéissons-nous, dans l'espèce, à un commandement communiste.

La position que nous avons prise résulte d'une ligne de conduite très simple, de bon sens et de probité, et qui est bien, en réalité, comme nous le prétendons, objective.

Oui, tout le monde veut savoir la vérité sur l'U. R. S. S. Mais prenons bien garde de déterminer nettement et loyalement à quoi répond cette curiosité. Elle répond à ceci : En octobre 1917, une révolution prolétarienne s'est élevée en Russie par-dessus la révolution bourgeoise de février, qui tout en ayant renversé le tsarisme, n'avait pas modifié essentiellement l'état social et politique de l'ex-empire, la suprématie demeurant aux mains des mêmes classes. Par contre, la Révolution d'Octobre apportait un bouleversement profond des rapports et des valeurs sociales. C'était une expérience énorme, sans exemple dans l'histoire, qui s'élaborait : la classe ouvrière, la masse des exploités prenait en mains le pouvoir pour la première fois dans les annales humaines. Cette tentative gigantesque a pris naissance et s'est poursuivie au milieu de luttes et de difficultés innombrables que personne n'ignore plus.

Dès lors, la question que se pose le public universel est, avant tout, celle-ci : La Révolution d'Octobre a-t-elle réussi, ou bien, a-t-elle échoué ?

Les espoirs que suscita le prolétariat russe lorsqu'il se mit debout, les perspectives qu'il ouvrit aux multitudes mondiales, n'étaient-ils que mirages — ou que mensonges ? Dans le pays soviétique, est-ce la libération définitive des esclaves du travail qui s'amorce et se développe, ou bien y trouve-t-on la preuve que cette conception ne peut pas tenir devant le mécanisme capitaliste qui régit le reste du monde ? Ou bien encore, se passe-t-il là-bas ce qui se passe chez nous : la duperie des foules derrière un décor théâtral de démocratie ?

Oui ou non, la révolution politique et l'ordre neuf qu'elle a institué ont-ils été capables d'assurer la destinée économique d'un vaste pays ? Oui ou non, les ouvriers et les paysans russes ont-ils reconstitué la puissance de production du continent dont ils ont jeté le régime à bas — et sont-ils restés révolutionnaires ?

La cupidité de savoir qui oriente les esprits vers l'œuvre historique de la Révolution d'Octobre, n'est pas du même ordre que le désir qu'on a de s'instruire touchant l'activité économique de toute autre région du monde. Ou plutôt, elle n'est pas de mêmes dimensions. Le sort d'une nation ou d'un groupement fédératif de nations qui depuis douze ans prétend faire bande à part dans l'univers sous la loi du seul socialisme, et auquel l'état de choses capitaliste, partout ailleurs tout puissant, cherche à imposer de mortelles compromissions — met en jeu le destin social et politique de tous les pays de la terre. Mais c'est uniquement une situation de fait qu'il y a lieu d'établir. Ce qu'on nous demande, c'est un bilan des réalisations matérielles positives, ce ne sont pas des plaidoyers ou des réquisitoires, ni des théories abstraites.

La réalité soviétique, suite organique de la révolution prolétarienne, n'est donc qu'un spacieux exemple éclairant la grande lutte qui divise les hommes en deux parties antagonistes à l'époque où nous vivons — les exploités et les exploiteurs. Elle est la vérité pratique qui donne ou qui ôte des armes aux uns et aux autres. Le fait concret de l'U. R. S. S., et l'orientation qu'il prend, alimentent de la façon la plus positive la lutte à mort qui est ouverte entre la révolution et la contre-révolution. Aux masses mondiales, qui regardent et qui attendent, les événements qui se passent dans le continent soviétique peuvent prouver qu'un monde nouveau est en formation, et inciter le prolétariat international à l'aider et à croire en lui — ou ils peuvent au contraire enseigner que cette révolution a fait faillite après tant d'autres et qu'il ne reste plus aux multitudes du travail qu'à baisser la tête, à rentrer dans le vieil ordre capitaliste et à se mettre aux pieds du banquier flanqué du général et du prêtre.

J'en viens au point essentiel :

Pour savoir si le vaste sursaut d'un pays qui a brisé toutes ses chaînes et est entré dans des voies vierges, est victorieux ou est vaincu, il faut considérer ce pays et son histoire contemporaine en un seul bloc, et ne dégager que les résultats d'ensemble, de façon à se rendre compte si les acquisitions compensent les pertes, si les profits de l'immense aventure équilibrent les désavantages, si la nation tout entière monte ou descend, prospère ou décline. Il faut répondre par oui ou par non, comme un jury, sans ergoter. Cette généralisation n'est que de l'honnêteté intellectuelle. Elle relève du sens commun et de la dignité. Jadis Clémenceau devant lequel on parlait des excès de la terreur révolutionnaire de 1793, mit en fait que la Révolution Française formait un bloc indivisible. Cette affirmation est la seule étincelle de marxisme et d'esprit scientifique que ses admirateurs peuvent reprocher à ce vieux bourgeois féroce.

Donc, dans quel sens va depuis douze ans la Russie nouvelle ? En avant, ou en arrière ?

Encore une fois, tout est là, n'en doutez pas, et l'attention des peuples est désespérément attachée à la réponse que la vie est susceptible d'apporter à cette interrogation simpliste.

Ajoutons qu'il est de l'intérêt vital de l'Etat Ouvrier que les prolétariats internationaux — dont il a besoin — soient très précisément au courant des phases de la lutte sociale qu'il incarne.

Or, nous voyons se faire jour deux jugements diamétralement opposés sur la situation économique et sociale de l'U. R. S. S. Les uns exaltent, les autres vilipendent. Fait anormal qui ne s'explique, puisqu'il est question de données positives, que par tout ce que met en branle l'âpreté de la guerre sociale actuelle et la notion de l'énorme appoint historique que la stabilisation de l'Etat Ouvrier et Paysan apporterait dans cette guerre. Fait, en tous cas, extrêmement grave, en raison des conséquences désastreuses que peuvent avoir certains actes de dénigrement, sur le développement et l'organisation révolutionnaires internationaux.

Une seule attitude s'impose : étudier méticuleusement et scientifiquement la réalité soviétique, se faire une opinion uniquement basée sur les faits les plus précis et sur les chiffres, puisqu'il s'agit avant tout de réalité et de faits, et divulguer cette opinion dans la mesure du possible, avec toutes ses conséquences.

Ainsi avons-nous travaillé. Lorsque j'ai cherché à reconstituer un des premiers, sinon le premier, l'histoire intégrale de la Géorgie, j'ai appuyé solidement mon étude sur de multiples données statistiques — méthode que me reprocha ce pauvre Panaït Istrati qui, sorti de ses histoires de brigands, ne me paraît pas avoir un esprit critique très solide. C'est bien certainement en s'appuyant sur des chiffres et sur des éléments positifs qu'on établit les contours de la réalité dans le temps et dans l'espace, et qu'on place les observations faites à l'abri de toute déformation sentimentale ou idéologique.

Or, devant la masse documentaire qui s'édifie chaque jour autour de la Russie des Soviets, il devient de plus en plus hasardeux et ridicule de mettre en doute sa large réalisation. Les faits sont là. La Révolution d'Octobre n'a pas failli à ses engagements. Alors, faisons attention de ne pas tromper ceux qui nous écoutent, lorsque nous en parlons.

Mais nous devons, ici, hasarder une petite incursion dans le domaine plein de ressources, de l'hypocrisie journalistique et littéraire.

Cette guerre de révélations, si je puis m'exprimer ainsi, que nous menons les uns contre les autres autour de la vraie figure de l'U. R. S. S., elle doit — répétons-le — porter sur des ensembles et non sur des détails, parce que, contre l'ensemble, le détail ment. Ne nous lassons pas de redire qu'il s'agit de savoir si le bouleversement d'il y a douze ans a implanté un nouvel ordre de choses, ou bien a compromis et fait reculer la cause révolutionnaire universelle des esclaves.

Alors, c'est une besogne odieuse que de grossir des détails et de les généraliser illicitement pour répondre par oui ou par non à la grande question pathétique des peuples, et pour mener cette émouvante enquête vers l'espoir ou le désespoir, selon la bonne ou la mauvaise humeur qu'on a, selon sa myopie, ses rancunes et ses camaraderies, selon l'effet à produire, le succès à escompter et l'argent à gagner (1).

On connaît l'anecdote célèbre de l'Anglais qui débarquant en France et rencontrant une femme rousse, en concluait que toutes les Françaises sont rousses. Il n'y a pas longtemps, j'ai lu une étude littéraire dont l'auteur, avec une patience d'insecte, avait recherché dans l'œuvre de Flaubert des phrases grammaticale-

(1) Qu'on ne s'illusionne pas sur les résultats de la propagande contre-révolutionnaire internationale. Les livres favorables à l'U. R. S. S. sont méthodiquement boycottés. Bientôt, ils ne pourront plus paraître. Un grand éditeur anglais m'a dit qu'il n'y avait aujourd'hui aucune espèce de possibilité de publier aux États-Unis et en Angleterre, un livre sur l'U. R. S. S. qui ne fût pas hostile à ce pays.

ment incorrectes. Il en avait trouvé quelques-unes et les alignait à la suite l'une de l'autre. De l'ensemble de cette nomenclature, il résultait nettement que Flaubert ne savait pas écrire en français.

Et c'est de cette façon que certains ouvrages de reportage ou certains journaux anti-soviétiques écrivent l'histoire. Telle feuille rédigée par des émigrés assure ne donner que des renseignements exacts. Oui ; mais, de tous les menus faits qui se passent dans l'Union, elle extrait, parmi des centaines et des milliers, ceux-là seuls qui permettent de jeter une critique quelconque sur la Russie nouvelle. De la sorte, et comme aucune autre contre-partie n'est formulée, l'U. R. S. S. apparaît comme un repaire exclusivement peuplé de malfaiteurs. C'est ainsi que tout en utilisant des données véridiques, les hypocrites, les traîtres, ou les imbéciles, arrivent à édifier de redoutables mensonges. Et la grande presse leur facilite la besogne en recueillant ces calomnies que la malheureuse opinion publique accepte avec béatitude.

Chaque fait doit être mis à sa place et réduit à sa vraie proportion dans l'exposé qu'on en trace. Sur de tels sujets, et dans de telles circonstances, l'échelle exacte, le dosage juste, apparaissent comme une nécessité morale impérieuse.

Et c'est précisément la raison qui nous guide lorsque nous parlons de la forme neuve de société que le prolétariat oriental implanta ici-bas en 1917.

Nous ne nions nullement les insuffisances, les lacunes, ou les défaillances. Mais nous évitons de leur donner, par l'escamotage de la contre-partie, une importance qui fausserait la vérité, détournerait l'esprit public de l'exacte appréciation des choses, et découragerait la multitude fraternelle.

Il est patent, pour prendre un exemple concret, que quand bien même les fautes que l'on reproche à la bureaucratie soviétique seraient dans quelque mesure, fondées sur la réalité, cela n'aurait pas les conséquences de faillite sociale que l'on veut en tirer pour les besoins de la conservation et de la réaction. Nous avons tous remarqué avec quelle exubérance et quel acharnement la contre-révolution utilise ces critiques en les abstrayant, en les isolant, c'est-à-dire en les falsifiant. Par une sorte d'illusion d'optique, le public se laisse prendre à ce jeu. C'est en agissant de la sorte qu'on est arrivé à détourner des réalisateurs d'octobre une grande partie des classes moyennes et une partie de la classe ouvrière. Par là on a dupé le troupeau crédule des lecteurs (1).

N'oublions pas que tous les ennemis de la Révolution Russe forment en fait un ensemble unifié et que malgré les déclarations démagogiques de quelques-uns d'entre eux, ils ne peuvent à volonté se dépêtrer l'un de l'autre.

Quelques ex-révolutionnaires, lesquels, bien entendu, usent de la surenchère révolutionnaire, prétendent que s'ils font chorus avec la réaction contre la seule nation révolutionnaire, s'ils aident de tout leur cœur les classes spoliatrices à assommer le prolétariat libéré, et à rompre les liens qui l'attachent aux prolétariats de tous les pays — c'est uniquement pour le bien de la cause socialiste. Ouvrier fruste et pur, soldat, fais justice de ce sophisme qui n'a qu'un seul résultat réel : augmenter la pluie de pierres et les aboiements de la meute qui assiègent la république rouge des foules.

Mais si une mise au point probe de la situation du pays soviétique nous oblige à mettre

(1) De même que dans nos vieux pays européens, quelque prospérité partielle, quelques augmentations isolées du bien-être, ne doivent pas nous empêcher de comprendre que nos régimes bourgeois actuels, avec leur arbitraire, leur corruption, leur exploitation et leur convoitise, glissent à l'abîme.

toujours en vue, au premier plan, la victoire grandissante du socialisme, cela ne veut pas dire que nous fermions volontairement les yeux aux défauts et aux tares qui résultent de l'application du système. Lorsqu'ils sont au travail, et qu'il ne s'agit pas de fournir un tableau d'ensemble et d'expliquer la vérité aux populations, mais qu'il s'agit simplement de faire mieux, les constructeurs soviétiques se critiquent eux-mêmes avec une sévérité impitoyable et n'estiment jamais qu'ils ont atteint leur but (insatiable rigueur qui offusque Gorki). Ce ne sont pas eux dont l'émulation a besoin d'être aiguillonnée par des coups de poignard et que l'on fera marcher mieux en leur jetant de la boue.

En fait, l'esprit révolutionnaire et prolétarien de la Russie soviétique est une évidence qu'il faut également être aveugle pour ne pas constater. L'élan donné est puissant. Un solide enthousiasme pousse ensemble les ouvriers émancipés. La centralisation, l'organisation et la division du travail croissent avec la multiplication de la production. Le Plan de Cinq Ans — qu'aucun autre pouvoir au monde n'eût été capable d'édifier — se réalise. Au moment où nous sommes : à la fin de la première année d'un Plan Quinquennal extrêmement chargé et dont on a particulièrement parlé, l'augmentation de la production industrielle, fixée à 21 %, a déjà atteint 24 %. L'adhésion graduelle des masses paysannes à l'exploitation collective peut être lente, elle n'est pas contestable. L'individualité se cultive là-bas par la conscience que prend chacun de sa participation utile à l'œuvre commune. Idéologiquement, artistiquement, le pays né d'une formule nouvelle, marche à pas de géant. Quand vous avez dit cela, et que vous montrez ensuite, si vous voulez, quelques ombres au tableau, c'est alors seulement que vous êtes véridiques, parce que ces ombres, historiquement, ne comptent pas. Si vous ne les montrez pas, vous n'avez pas tort.

Mais que ceux qui servent la cause des hommes en même temps qu'ils ont le respect scientifique de la vérité, sachent combien attentivement ils doivent veiller autour de l'expérience soviétique pour que les auxiliaires et domestiques de toute espèce du capitalisme menacé, n'aillent pas, par leurs prestidigitations malhonnêtes d'écrivains, la déformer dans l'esprit et dans le cœur des masses. Que le travailleur sain qui sera le conquérant dès qu'il cessera d'être le forçat, rejette violemment toute cette collection nuancée d'adversaires et de salisseurs plus ou moins cyniques et plus ou moins perfides qui, par leurs attaques, leurs insinuations et leurs réserves, — soit en négligeant de faire des tableaux d'ensemble, soit en rendant la direction actuelle de la Révolution en marche responsable des obstacles que rencontre fatalement la réalisation d'un état socialiste sur une planète capitaliste, — sapent l'œuvre héroïquement amoncelée, et tendent des pièges à la révolution mondiale.

Voilà toute l'explication de notre soi-disant partialité qui n'est que juste mesure.

# TABLE DES MATIÈRES





E. GREVIN — IMPRIMERIE DE LAGNY — 5-1930.

www.ingramcontent.com/pod-product-compliance
Ingram Content Group UK Ltd.
Pitfield, Milton Keynes, MK11 3LW, UK
UKHW022052260726
13993UKWH00001B/71